400のプロジェクトを
同時に進める

佐藤オオキの
スピード
仕事術

nendo
佐藤オオキ

幻冬舎

①ロッテの「ACUO」

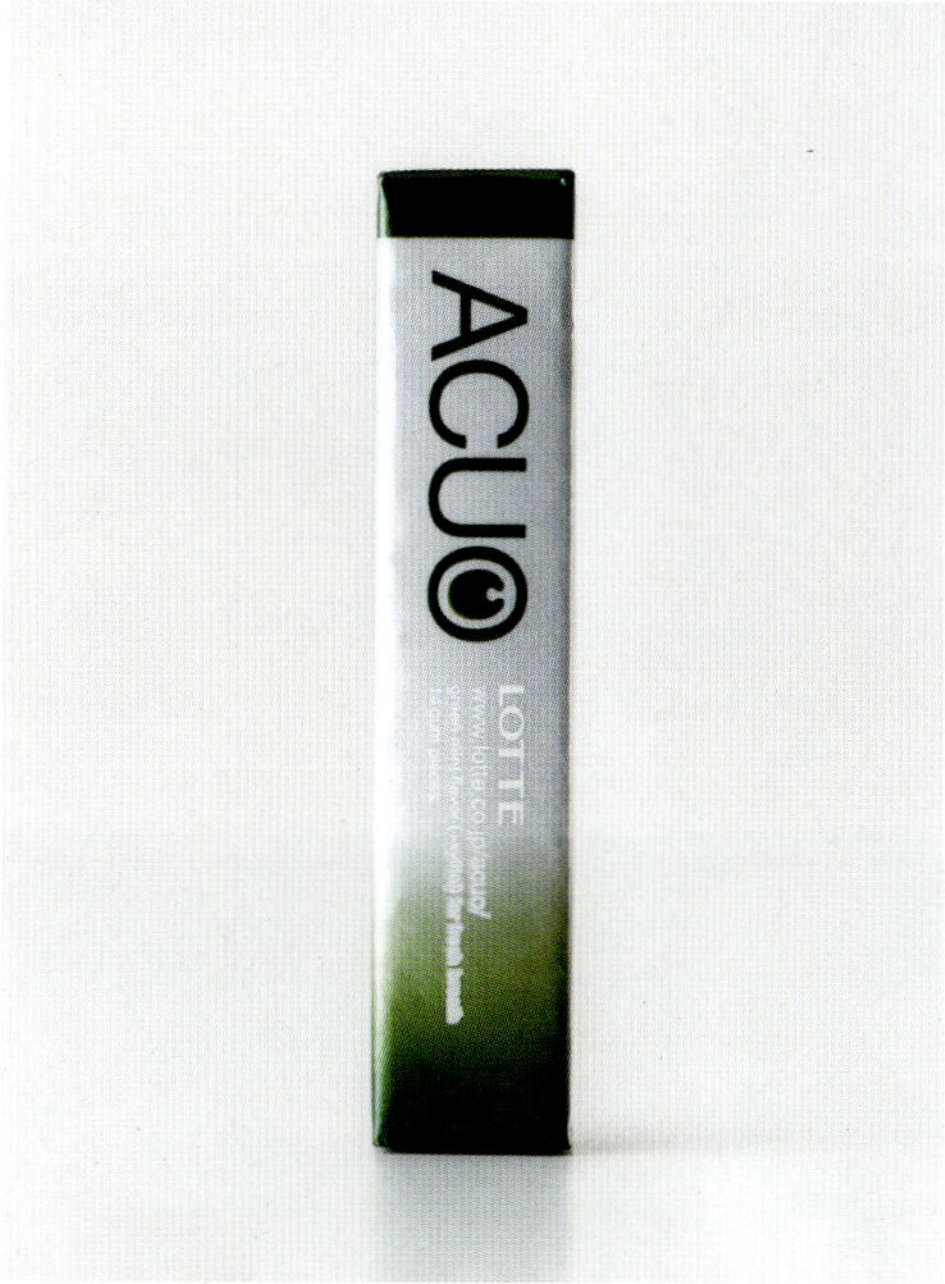

Masayuki Hayashi

②スターバックスの目黒権之助坂店

③プロテカの車輪

Akihiro Yoshida

④ツマミグイ

Jimmy Cohrssen

⑤エステーの「自動でシュパッと消臭プラグ」

Masayuki Hayashi

⑥カンペールの店内

Masaya Yoshimura

⑦ロッテの「B can」

Ayao Yamazaki

⑧IHIの広告ビジュアル

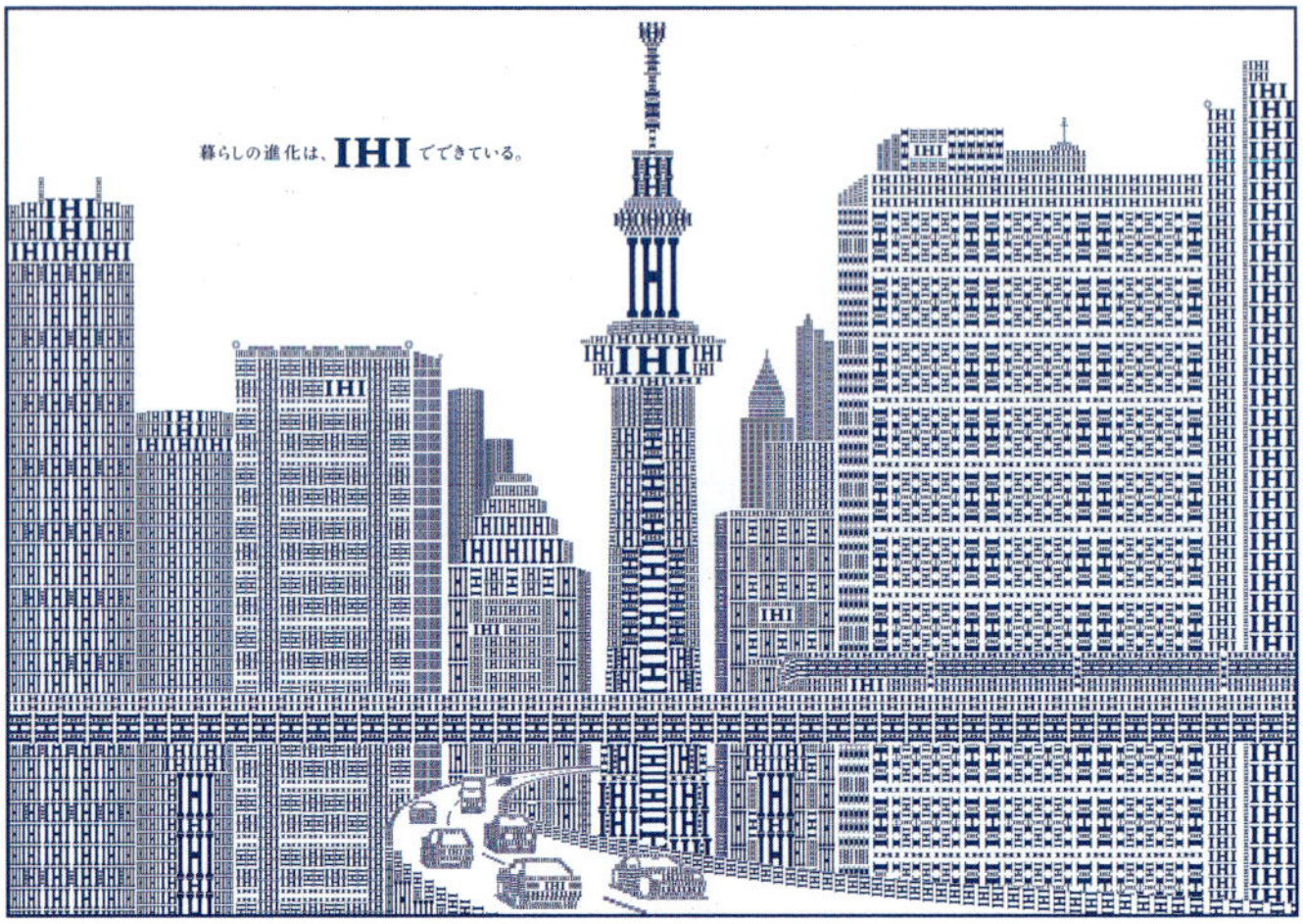

⑨タグ・ホイヤーの時計

Hiroshi Iwasaki

⑩バカラのチェスセット

Baccarat

⑪セブン&アイ・ホールディングス「オムニ7」のロゴ

⑫ canvasの店内

Kanako Sato

⑬ closetの店内

Daici Ano

⑭ハンター製菓のチョコレート

Akihiro Yoshida

⑮by | nの傘

Akihiro Yoshida

⑯阿部興業の「seven doors」

Akihiro Yoshida

⑰サンリオのハローキティ

©'76,'15+SANRIO

⑱ミラノ万博の有田焼

Hiroshi Iwasaki

はじめに

「仕事の質は、スピードで決まる」

そんな私の仕事の考え方を人に話すと、

「えっ、デザイナーなのに、スピードを重視するんですか？」

と驚かれます。

なぜ私がスピードを重視するのか——その理由をお話しする前に、少し私の仕事について説明したいと思います。

私はデザイナーと名乗っていますが、代表を務めるデザイン事務所ネンド（nendo）が手がけるのはインテリアや家電製品、家具や生活雑貨などのデザインから、最近は企業のブランディングや駅前開発等の総合プロジェクトに至るまで、仕事の幅は年々広がっています。

さまざまなお仕事を引き受けているうちに、同時に進行するプロジェクトは100件、

200件と増えていき、現在は約30人のメンバーで常時400件以上のプロジェクトを動かすまでになっています。

取引先企業は、70~80社。そのうちの半数近くは、海外の企業です。

2006年には「ニューズウィーク」誌の「世界が尊敬する日本人100人」に選出していただき、2012年にはデザイン界のアカデミー賞といわれる「エル・デコ インターナショナル デザイン アワード」の「デザイナー・オブ・ザ・イヤー」を受賞、2015年にはフランスの「メゾン・エ・オブジェ」にて「デザイナー・オブ・ザ・イヤー」をいただくなど、近年は「世界から仕事が認められている」という手応えを感じられる出来事が増えてきたように思います。

このように創業以来10年ほどで世界中から数多く声をかけていただけるようになり、プロジェクトは今も増え続けています。

これまでの実績から、「どうやってその量の仕事をこなしているんですか?」「すごい勢いで会社が成長していますね」などと言われることが少なくありません。

なぜ、このようにスピーディーに仕事を広げ、数多くのプロジェクトをこなし、一定の評価をいただくことができているのか――その理由は、私が仕事において「スピード」を非常に重視していることにこそあると思っています。

デザインやブランディングの仕事とスピードは、最も関係がないように思われるかもしれませんが、そんなことはありません。

実際にスピードを重視すると、不思議なほど仕事の質が高まります。しかも予定よりも早く仕事を仕上げると関係者にも喜んでいただけるため、依頼がどんどん増えてきます。

すると**手がける仕事の幅が広がっていくので、ますます経験値が上がっていきます。そして、さらにスピードもアップし、自分も成長していく**――という、驚くような正のスパイラルが起きるのです。

スピードを上げることで得られる利点は、どんな仕事にも共通していると思います。そこで私なりの仕事術をお伝えすることで、皆さんの日々の仕事に少しでもお役に立てたらと思って、今回は筆をとらせていただきました。

また、私には、皆さんにビジネスにおけるデザインの力を知っていただきたいという思いもあります。

デザインとは、見た目だけをよくすることではありません。**デザインによって解決できる問題は、皆さんが想像する以上にとてつもなく多い**ものです。デザインを少し変えるだけで、商品や会社のコンセプトが一気に広まり、売上げが飛躍的に伸びることも多々あります。デザインには、ビジネスの場でさまざまな課題の解決策となり得る力があるのです。その力を軽視するのは、非常にもったいないことだと思います。

本書を読むことにより、皆さんのお仕事のスピードが上がり、かつデザインの持つ問題解決力を理解していただければ、著者としてとてもうれしく思います。

400のプロジェクトを
同時に進める
佐藤オオキの
スピード仕事術

CONTENTS

PART 2

400のプロジェクトを〝超〟高速に進める手法

PART 3

ビジネスを加速する投資&チームづくり

PART 1

〝超〟高速で
仕事をこなすための
基本動作

1 仕事を急加速させるための着手法

■「速さ」より重要なのは「同時処理能力」

私は、常時400件以上のプロジェクトを動かしています。

同時に400件のプロジェクトを進めているというと驚かれることも多いのですが、これは会社をつくってから今日まで、少しずつ右肩上がりにプロジェクトが増えてきた結果。スケジュールがタイトな案件が入ったときは寝る間を惜しんで仕事をすることもありますが、ふだんは休息もしっかり取っていますし、特別に無理をしているという意識はありません。

たくさんのプロジェクトをこなすには、やはり仕事のスピードがものをいいます。しかし、ここでいうスピードというのは、皆さんが抱くであろう「手を動かすのが速い」というイメージとは、ちょっと違うかもしれません。

確かに、スキルを身につけたり特別なノウハウを得たりすれば、人の2倍や3倍のスピードで手を動かすことはできそうです。でも、これが5倍、10倍となると物理的に無理が生じるでしょう。ではどうやって仕事の速度を上げるのかといえば、それは「いかに並行して仕事を進められるか」にかかっています。たとえ手を動かす速度が速くなくても、同じ時間で5倍、10倍の量の仕事を処理できていれば、結果的に仕事を超高速でこなしていることになるわけです。

私がいう「スピード」とは純粋な処理速度ではなく、「同時に処理する能力」に近いのではないかと思います。デザインの仕事でいえば「スケッチを描くのがほかの人より2倍速い」とか、「アイデアを出すのに、人が1時間かかるところを30分で出せる」といった「速さ」が大切なのではなく、**いろいろなことを並行して考えたり進めたりできるような工夫や環境づくりこそ、重要**といえるでしょう。

「仕事のスピードを上げたい」という人は、まず「仕事のスピードアップ」の意味を捉え直すことがスタート地点になるのではないかと思います。

■目の前の仕事だけに集中する

たくさんあるプロジェクトを混乱なく進められる理由の一つは、私が常に「目の前の仕事だけに集中する」ことを習慣づけているからではないかと思います。

そもそもは、私は同時に複数のことをするのは苦手です。子供の頃、ピアノを習わされたときは、両手を使って弾かなくてはならなくなった瞬間に「脳みそは一つしかないのに、両手で同時に別の動きをするなんて、どうすればいいんだろう」と思ったものです。世の中にはきっと複数のことを並行して処理できる人もいるのだと思いますが、私の場合はそれができません。

ですから仕事をするとき、私は必ず一つの案件だけに集中します。400件のプロジェクトを抱えていても、頭の中にあるのはそのうちの一つだけで、399件のことは忘れています。そして、一つの案件を処理したら、それもスパッと忘れて次の仕事に移っていくのです。

このように仕事を進めるには、まずプロジェクトごとの速度感を自覚することが必要です。

400のプロジェクトがあるといっても、3年かかるプロジェクトもあれば3日で終わるものもあります。3年がかりの仕事であれば必要なタイミングでそのつど考えていけばいいのですが、3日で結果を出さなければならない場合は、3日の間にやるべきことを着実にクリアしていかなくてはなりません。

速度感を意識すれば、多数のプロジェクトのそれぞれの業務のうち、優先して処理すべきものが何なのかが明確になります。仕事のスピードを上げるには、まずこれが重要。優先順位をしっかりつけておけば、一つの仕事を処理した段階でモタモタすることなく、すぐ次の仕事に取りかかれるのです。

■仕事は3つに振り分け、スケジュールには3割の空きをつくる

仕事に優先順位をつけるといっても、400超のプロジェクトの仕事一つずつに順位をつけようとすれば、頭がパンクしてしまいます。仕事の管理が手間のかかる業務になって

しまってはスピードは上がりません。

ですから、私は仕事を大きく3つに分けるようにしています。仕事の管理にはスマートフォンのToDoアプリを使っているのですが、フォルダは「Now」「Later」「Maybe」の3つだけ。

「Now」には3日以内程度のスパンでやるべきことを入れておきます。

「Later」に入るのは、切迫感はないけれど、放っておくと危機的な事態を招く可能性がある仕事です。3つのフォルダの中でも、最も幅広い項目が入っています。

そして「Maybe」には、やってもやらなくても大丈夫だけれど、それをやることによって長期的にメリットがありそうなこと、少しでも暇な時間や余力があったら取り組みたいことなどを入れています。

こうしてざっくり仕事を分けておけば、あとは時間的余裕があまりない「Now」のフォルダの中にある項目についてだけ優先順位を考えればいいわけです。「Later」や「Maybe」フォルダにある仕事に時間を費やす必要はありません。

仕事を着実にこなすには、スケジュールに余裕を持たせることも重要なポイントです。

仕事をしていれば、急ぎの依頼が入ったり、トラブルが発生して対処に時間を取られたりといったことは必ず起きるもの。スケジュールをすきまなく埋めていると、こうした突発的な事態が起きたとき、その後の予定がすべて台なしになってしまいかねません。

私の場合は、仕事にあてられる時間のうち、3割程度をバッファとして空けておくようにしています。これくらいの余裕を持っておけば想定外の出来事に慌てることはなくなり、仕事のペースが乱れることもありません。

■やりかけた仕事は必ず終わらせる

仕事を処理していくときに重視しているのは、「やりかけた仕事は必ず完結させる」ということ。

仕事を途中で止めたまま放置すれば、そのことをいつまでも頭に残しておかなくてはならないので、脳によけいな負荷がかかります。これは、パソコンと同じこと。パソコンのソフトを一度にたくさん立ち上げるとメモリーを消費してどんどん動作が遅くなってしまうように、やりかけの仕事を増やすと、それだけ脳の処理速度が落ちてしまうように感じます。

いつでも脳がきびきび動けるようにするには、どんな仕事も「保存して終了」することが大切です。ですから、400件超のプロジェクトを抱えていても、私にとって「やりかけの仕事」は一つもありません。

たとえば、あるプロジェクトで私から新しい商品の案を出したとしましょう。クライアントがその案に基づいて商品を開発している状態では、私の業務はいったん完結しているといえます。プロジェクト完了まではまだやるべきことがたくさんあるとしても、いったんすべてを忘れ去り、ほかの仕事に集中していいわけです。

■仕事の量が多いほど、クオリティは上がる

「仕事をやりかけのまま放置しない」というルールは、今まさに取り組んでいる仕事以外のプロジェクトを「上手に忘れる」ためのものといってもいいでしょう。

このようにいうと「進行中のプロジェクトのことを忘れるなんて……」と驚かれる方もいるかもしれません。しかし、私自身が数多くのプロジェクトを経験して感じるのは、

「一度さっぱり忘れたほうが、次の段階に入ったときにまた新鮮な気持ちでプロジェクトと向き合える」ということです。

同じ仕事ばかりずっと続けていると、その対象を見慣れてしまうというデメリットがあります。新鮮な目で見直すためには一度頭をリセットする必要がありますが、これを意識的にやるのはなかなか難しいもの。

ところが、常時４００を超えるプロジェクトを進め、「一つの仕事を完結させたらいったん忘れ、次の仕事に集中する」ことを繰り返していると、**あえて意識しなくても常に頭がリセットされた状態でプロジェクトに臨める**のです。抱えるプロジェクトの数が増え、たくさん仕事をするようになるほど、この「意識しなくても忘れられる」ことの効用の大きさを実感しています。

「忘れる」ことには、無駄な情報をそぎ落とすという効果もあります。

面白いことに、いくら「一度全部忘れよう」と思っても、自分が大事だと感じたポイントは頭のどこかに引っかかっているもの。記憶からそぎ落とされるのは、無意識のうちに

「どうでもいい」「あまり重要ではない」と判断した情報です。時間を置き、本当に大事なポイントだけが頭に残っている状態で新たにアイデアを考えたほうが、軸がブレずに済むと思います。

ロッテのガム「ACUO」（写真①）のパッケージをデザインしたときも、そうでした。「20～30代の若者が持っても恥ずかしくないパッケージにしたい」というのがクライアントの要望でした。

「ACUO」の特徴的な機能は、わかりやすくいえば「口臭除去」です。しかし、それをストレートにパッケージに表現すれば、持っていて恰好悪いガムになってしまいます。

一般的なガムのパッケージデザインを改めて研究してみると、コンビニなどの棚で消費者の目に留まりやすいよう、強烈なカラーや派手なイラストが入った主張の強いものばかり。そこで私が最初に考えたのは、「ほかの商品が一歩でも前に出ようとするなら、逆に一歩下がることで目立てるのではないか」ということ。今までのガムのパッケージにはない、シンプルなデザインを目指してプロジェクトはスタートしました。

しかしプロジェクトが進めば、当然ながらいろいろな人からより多くの情報がもたらされるようになります。

ガムのパッケージ印刷を手がける印刷会社からは「この印刷方法は難しい」と言われ、商品開発担当の方からは「やっぱりACUOならではの機能を強くアピールしたい」とのご要望をいただき、営業担当の方は「競合他社のあの商品はよく売れているので、似た感じのデザインにしたほうがいいのでは」とおっしゃいます。もちろん、皆さん真剣です。

こうした意見に耳を傾けていると、私自身「業界の事情」に詳しくなり、うっかり「今までのガムとそう変わらないデザイン」に近づいてしまいそうになります。

実際、すでに世の中に出ているものはなかなか合理的にできているもの。バランスがよく、収まりがいいのです。「業界の事情」を汲み取れば、着地点が既存の商品に近づくのは自然なことともいえます。

しかし、「人の心に刺さる、どこかに引っかかりのあるデザイン」を生むためには、そのバランスを無視する必要があります。そこで重要なのが、子供のように何も知らない状態に自分を持っていくことです。よけいな情報をそぎ落とし、プロジェクトスタート時に気づいたことや考えたこと――つまり、プロジェクトの「核」になる部分――を大切にしなくてはなりません。

思い込みをなくし、曇りのない目でプロジェクトを見るためにも、「たくさん仕事をこなし、終わった仕事は忘れる」という方法は有効だと思います。

最終的に「ＡＣＵＯ」は、文字情報や企業ロゴをすべて白一色で印刷し、見る角度によっては消えるようにして、商品名のシンプルなロゴだけが浮かび上がるデザインになりました。コンビニなどの店頭でその「一歩引いたデザイン」が目を引いたのか、歴史的な売上げを記録。プロジェクトはその後も継続し、「ＡＣＵＯ」ブランドは今も成長し続けています。

■すきま時間には完結できる仕事をやる

スケジュールを管理する際、「いつ、何をやるか」を事前に決めて仕事を振り分けておくという人もいるでしょう。しかし私の場合、ＴｏＤｏリストの「Ｎｏｗ」フォルダ内の仕事をスケジュールに落とし込むことはしていません。クライアントとの面談やプレゼンなど、時間を動かせない予定の間に空き時間があったら、その時間でできる仕事をこなしていきます。

数ある仕事の中からやることを選ぶ際は、「空いている時間内に完結させられる仕事かどうか」を選択基準の一つにしています。時間が5分だけ空いていたら、その5分間で終わる仕事を優先的に片づけるわけです。

これは、先にご説明した「やりかけの仕事は放置しない」というポイントと関連しています。

必要な時間を見積もらず、「ちょっと時間が空いたからメールを返信しておこうかな」などと行き当たりばったりに仕事をこなそうとすると、「メールを書きかけなのに打ち合わせの時間になり、途中で書くのをやめざるを得ない」といった中途半端なことになりがちです。打ち合わせ中にそのメールのことが気になってしまったり、打ち合わせから戻ってきたときに「何を書いていたんだっけ」と思い出すことから再スタートすることになったりすれば、仕事の効率はぐんと落ちてしまいます。

仕事を高速化するには、**「確保できる時間」に合わせてその時間内に完結できる仕事を選ぶ**こと、そして「5分あるからこの間に片づけよう」などと決めたらダラダラ作業せず、集中して必ずその時間内に完結させることが重要です。

2 仕事のパフォーマンスを上げる「脳の活かし方」

■そのときに一番やりたい仕事をして、頭の回転を速める

仕事を高速化するための重要なポイントの一つは、「そのときに一番やりたい仕事」を選ぶことです。

私の場合、雑誌の連載原稿を書いたり、店舗のコンセプトを考えたり、プロダクトのデザインを考えたりといったように、一口に「仕事」といってもやるべきことはさまざまです。

そして、文章を書くときとプロダクトデザインを考えるときとでは、必要なテンションや集中力に違いがあります。わかりやすくいえば、「文章を書くのにちょうどいい気分」のときもあれば、「プロダクトデザインをやりたい気分」のときもある、ということ。

文章を書く気分になれないのに無理やりパソコンに向かっても、なかなか集中できませんし、そのような状態で面白い文章を書くのは難しいと思います。ですから、文章を書くのは「今は原稿を書きたい気分だな」というときだけ。気分が乗っていれば仕事のスピードは驚くほどアップしますし、アウトプットの質も高まるからです。

その時々のテンションに応じて仕事を選べるようにするには、常に前倒しで仕事を進めておく必要があります。

仕事の締め切りが迫っていれば、「今は気分が乗らないから」という理由で後回しにすることはできないでしょう。「気分が乗らないのに、やらなければいけない状態」では、仕事の質を落とすことになりかねません。

ですから、たとえば雑誌の原稿を書くという仕事があった場合、締め切り日よりずっと早めに「Ｎｏｗ」のフォルダに入れておきます。こうしておくと「今は書く気分じゃないから後にしよう」と余裕を持って判断でき、自分を追い込まずに済みます。

プロジェクトをたくさん抱えていると、仕事は常に山積みです。しかし、これはある意味で理想的な状態だということもできます。

急ぎの仕事をこなして、ひと息ついたところで「さて、どの仕事を片づけようかな」と思ったとき、前倒しで仕事を進めておく習慣さえあれば、数ある選択肢の中からその時点で自分の気分に一番合う仕事を選べるのです。

常に「自分が今やりたいこと、集中できること」を選んで仕事をしていれば、スピードも仕事の質も自ずと高まるのです。

■脳のウォームアップで頭の回転速度を上げる

「今やりたいこと」を優先して仕事を片づけていくと、いい具合に気分が乗ってきて、あまりやる気が出なかった仕事も楽しくこなせるようになります。

たとえば、「今は文章を書く仕事をするテンションではないな」というときでも、何か別のデザインを考えていていいアイデアが浮かんだりすると、ウキウキして「ついでに原稿も書いちゃおう」という気分になったりします。気分が乗る仕事を先にこなすことで頭の回転が速まれば、別の仕事にも好影響を及ぼすことができるのです。

これは、車で走り出す前にエンジンを温めたり、スポーツ選手が試合やトレーニングの前にウォームアップをしたりするのと似た感覚かもしれません。うまくウォームアップすれば、身体(からだ)の能力を最大限に発揮できるでしょう。しかし筋肉にいきなり負荷をかけるような真似(まね)をすれば、よいトレーニングはできず、身体にとって負担になりかねません。

スポーツ選手が自分の身体の状態を客観視しながら負荷を上げていくように、クリエイティブな仕事をする人は自分の脳の状態を客観的にチェックし、「今、どの程度、脳がウォームアップしているか」「どうすればスムーズに最高速度に持っていけるか」といったことを意識することが必要でしょう。スムーズに「頭脳のトップスピード」を出すことで、短時間で高品質なアウトプットが可能になるのです。

■脳にはよけいな負担をかけない

脳が高いパフォーマンスを出せるようにするために、私は自分にプレッシャーをかけることは一切しないようにしています。

世の中には「追い込まれた状況でこそいいアイデアが浮かぶ」とか、「締め切りギリギりのほうが仕事がはかどる」といったタイプの方もいるようですが、私の場合、負担を感じる状況では頭がよく働いてくれないようです。ですから、脳をできるだけ甘やかし、負担をかけないように注意を払っています。

「仕事はやりたいことから手をつける」というのはそのための方法の一つですが、そもそも「嫌いなこと、やりたくないこと」はできるだけやらずに済ませるようにもしています。スケジュールを細かく決めないのも、厳密に時間を管理するのが面倒で、やろうとすると負担を感じてしまうことが理由の一つです。


また、短時間で一気に思考をトップスピードに持っていくには、**頭を使わなくていい場面でできるだけ脳を働かせないようにする**ことも必要だと思います。

これは、ランニングの場面をイメージしていただくとわかりやすいかもしれません。

５００メートルを休まずに一気に全力で走るのは非常に大変です。ほとんどの人は途中で失速するでしょう。しかし休息を挟みながら１００メートルを5回に分けて走るのならば、走っている間のスピードはぐっと維持しやすくなります。

同様に、休むべき場面では意識的に「頭を使わず、集中しない」ようにすれば、仕事に臨むときに思考のスピードが上がりやすくなるわけです。

■モチベーションをコントロールしようとしない

「モチベーションが上がらない」「やる気を出すにはどうすればいいのか」と悩んでいる人は多いのではないかと思います。やる気がないままダラダラと仕事をしていては、スピードだってなかなか上がらないはずです。

実は私は、モチベーションというのは意識的に「下げることはできても上げることができないもの」だと思っています。ですから、心がけているのは「モチベーションを下げてしまわないようにすること」です。

何かアイデアを考えているとき、もし「あまりいい案を考えつかなくなってきた」「少し飽きたかな」と感じたら、できる限り速やかに、その案件について考えるのをやめます。まだ検討の余地がありそうな雰囲気を残したまま、一時撤退するのです。

「佐藤さんは行き詰まったり悩んだりしないんですか？」と尋ねられると、私は「そうかもしれません」と答えます。この言葉だけ聞くと「天才じゃないか」と誤解されそうで怖いのですが、そうではなくて、行き詰まったり悩んだりする前に考えるのをやめているのが理由です。

考えが行き詰まったとき、世の中では「そこでもう一頑張りしたほうがいい」「結果を出すまでは自分を追い込むべきだ」「苦労してこそいい仕事ができる」といった考え方のほうが一般的ではないかと思います。しかし私は、そういった負荷は長期的にあまりよい結果をもたらさない気がしています。

もし、アイデアが出てこないのにずっと考え続けていたら、おそらく仕事そのものをつらく感じ、嫌いになってしまうでしょう。仕事に集中して取り組み、よい結果を出し続けるためには、「仕事が好き」「仕事が楽しい」と言えることこそ何よりの強みになります。

どんなにおいしいものも、満腹になればしばらくは食べたくなくなりますし、飽きるほど食べれば、それほどおいしく感じなくなってしまうでしょう。ですから、大事なのは「腹八分目」で食べるのをやめ、その食べ物を「嫌いにならないようにする」こと。行き詰まっても考えることをやめず、モチベーションを下げてしまうより、行き詰まりそうになったところでスパッと別のことに頭を切り替えたほうが、フレッシュな状態を保ち続け

られるのではないかと思います。

■「調子の波」に逆らわない

「行き詰まり」を避ける方法としてもう少し高度なのは、「アイデアが出そうなときだけ考える」ことです。

私も過去には、アイデアを考えすぎて行き詰まった状態になることがありました。苦し紛れにアイデアを出すのは、劣勢で戦い続けるようなものです。そして結局よいアイデアを考え出せず、翌日に持ち越せば、たとえ「今日は頭がよく動いているな」という日でも、やる気がなかなか起きません。解けなかった問題に改めて向き合うのは「敗者復活戦」のようで、どうしても憂鬱になってしまうからです。

こうした経験を経て、私は「行き詰まりかけたら考えるのをやめる」という方法に行き着いたわけですが、さらに経験を重ねるにつれ、今では「アイデアが出そうにないときには、そもそも考え始めない」というところまで行き着いています。

なぜこんな考え方に至ったのかというと、頭にも身体にも「調子の波」があるからです。

昔は、「プロとして調子の波があってはいけないのではないか」と考えていました。「名作をつくったと思ったら次は駄作だった」というのでは、プロを名乗る資格はないと思いますし、創業してから10年以上、「いつでも80点以上を保てるのがプロである」ということを意識しています。

しかしそういうスタンスで仕事をしてきて気づいたのは、生身の人間である以上、波をなくすことはできないということ。それで、「調子の波が悪いとき」にはアウトプットをせず、いい波が来ているときにだけ行えばいいのではないかと考えたわけです。

結果として、外からは私が常に80点をキープできているように見えるでしょう。

これは、ここまでにご紹介してきた「脳を甘やかす」「行き詰まりそうになったら撤退する」という話より、さらに前段階の話です。

調子の波を感じ取れるようになるには、常に自分の状態に意識を向けながら仕事に取り組み、その経験を積み上げていくことが必要でしょう。20〜30代前半くらいの若いビジネスパーソンには、まだそこまでの経験がないかもしれませんが、30代後半〜40代くらいになれば、「なんだか今日はダメっぽいな」といった「波」が感じられるようになってきているはずです。その「調子の波」に逆らわないことが、結果的に仕事全体のパフォーマンスを上げることにつながるのではないかと思います。

■休日はあえてスピードを落とし、脳を休ませる

私は、休日はできるだけゆっくり歩くようにしています。また歯を磨くのにも、髪を洗うのにも、あえていつもの2倍くらいの時間をかけます。こうやって速度感を変え、「今日は休みの日でゆっくりできる」ということを脳に伝えると、だんだんリラックスしてくるからです。

オンとオフの切り替えが上手にできるようになれば、オンのときの脳のコンディションを良好に保てますから、仕事をより高速にこなせるようになります。

デザイナーの仕事は、やろうと思えばいつでもどこでもできます。アイデアを考えるというのは、時間も場所も選びません。ですから以前の私は、休日なのについプロジェクトのことを考え出してしまい、しっかり休めないこともありました。しかし、ゆっくり動く

ことで脳を「休息モード」に切り替える習慣を取り入れてからは、しっかり休めるようになったと思います。

もう一つ、脳をしっかり休ませるためには、意識的にものを考えない状態をつくることも有効です。

私の場合、頭が回転し始めると、まったく眠れなくなってしまいます。うっかり就寝前に仕事のことを考え始めると、身体は疲れているのに頭がどんどん冴えていくということもあります。

このような場合は、少し「よけいなこと」をするのが効果的だと思います。脳は、欲していないものを与えると自然に拒絶するようです。休息すべきときはその性質をうまく使って、戦闘モードをオフにしましょう。

私がよくやるのは、テレビをつけて興味のない番組をボーッと見ること。たとえば、ストーリーがまったくわからないシーズン途中の海外ドラマなどがぴったりです。見るともなしにテレビ画面を眺めていると、自然と頭のスイッチが切れていくのを感じます。同様に、飛行機の中では、近くの席の人が見ている映画を眺めることが脳を休息モードにするのに役立ちます。

単純なゲームをするのも、脳を休ませるにはうってつけです。テトリスのように単純な作業を延々と繰り返すゲームは一見とても不毛に思えたりもしますが、ルーティンワークを繰り返すような脳の一部だけを使う作業をしていれば、つい仕事のことを考えて脳がフル回転し始めるということは起こりません。

■情報のインプット日とアウトプット日を分ける

処理する仕事の順番を考えたり、あえて身体をゆっくり動かしてみたりというように、私は「脳が最高のパフォーマンスを発揮するにはどうすればいいか」を常に考えて、仕事のやり方を改善するようにしています。

最近取り入れて「これはいいな」と感じているのは、情報のインプットとアウトプットをできるだけまとめてやる方法です。

たとえば、クライアントと会って話をお聞きするのは情報のインプットです。どのような課題を抱えているのか、その背景をじっくり伺って消化していくことが求められます。

一方、原稿を書いたりメディアの取材を受けたりするのは、情報のアウトプットです。情報の受け手にいかにわかりやすく伝えるかを考えながら、頭の中の情報をかみ砕かなくてはなりません。

こうした方向性のまったく異なる作業が交互に発生すると、脳は疲れてしまいます。文章を書いて、クライアントと打ち合わせをして、次に取材を受けて……というように「アウトプット、インプット、アウトプット」と頭の切り替えが続く日は、明らかに仕事の効率が落ちるのです。

このことに気づいてから、「水曜日は打ち合わせを入れず、文章を書いたりアイデアを考えたりする」というように、インプットにあてる日とアウトプットにあてる日を明確に分けるようにしました。最近では取材を受ける日もできるだけまとめるようにしています。

こうして「情報をインプットする日」と「アイデアを考える日」と「取材などで人に話をするなど情報をアウトプットする日」を切り離したことで、一日の間でテンションを上げたり下げたりする必要もあまりなくなって、脳の負荷を下げられていると感じています。

皆さんも、**脳を休ませることを意識してみると、いざ戦闘モードをオンにしたときの頭の回転のよさを実感できる**と思います。

3 思考を加速させる空間と習慣のつくり方

■自分なりの「仕事のスイッチ」をつくる

仕事のスピードを上げるには、意識的にオンとオフを切り替える習慣を身につけるのも役立ちます。

たとえば私の場合、コーヒーを飲むことは脳を仕事モードに切り替えるためのスイッチの一つ。「ちょっと集中力が低下しているかもしれないな」というときは、スターバックスに行ってコーヒーを飲むようにしています。

会社の近くのお店には、多いときで一日に3回ほど、マネジメントを一手に担っている伊藤と一緒に足を運びます。そうしてコーヒーを飲みながら仕事と関係ない話をし、会社に戻ってくると、「さぁ、仕事を始めよう」という気分になるのです。

端から見れば時間を無駄に費やしているように映るかもしれませんが、**気分がオンにならないまま無理に仕事に手をつけるより、断然このほうが脳は回転してくれる**のです。

スイッチをオンにする習慣は、一つだけではなく複数あったほうがいいでしょう。一つしかないスイッチを使いすぎると、スイッチがうまく働かなくなってしまいます。私は、自分にとって「仕事をしよう」という気分が高まる習慣を見つけたら、意識的に使いながら「仕事のスイッチ」をつくるようにしています。

■環境に依存しない

脳の処理速度を上げるには、どんな環境なら最高のパフォーマンスが発揮できるかを意識することも必要です。

私は、文章を書くときに音楽が流れていると、歌詞や音が頭に入ってしまって混線を起こしたような状態になります。ですから、原稿を書く場所は飛行機の中や自分の部屋など、できるだけ静かな環境でなくてはなりません。

一方、アイデアやデザインを考えるときは、音楽や人の声が聞こえるザワザワした場所のほうが集中できるように感じます。本や雑誌を読むといった情報のインプットを行うときも、ノイズがあるほうが快適。静かな場所で本を読んでいると、落ち着かないのです。ですから、考え事をしたり本を読んだりするときは、喫茶店やファミリーレストランに行くことが少なくありません。

「脳がパフォーマンスを発揮できる条件」は、おそらく人によっても作業内容によっても異なるでしょう。他人の真似をするのではなく、**自分に合う環境を見つけ、うまく仕事に取り入れることが、スピードアップにつながる**のではないかと思います。

できるだけパフォーマンスが発揮しやすい環境をつくることは大切ですが、環境に依存しすぎると仕事が進まなくなることにも注意が必要です。

私は1カ月のうち半分程度を海外出張にあてています。毎晩違うホテルに泊まって移動する生活が続きますから、「こんな環境では集中できない」などという理由で業務が滞るようなことがあっては仕事になりません。

もちろん、海外でもスターバックスを探してコーヒーを飲むなど、使える「仕事のスイッチ」は適宜活用しますが、環境が整わない場合であっても自分の周囲に自力で「集中できる空気」をつくるようにしています。

この点で、気をつけているのは、物にできるだけこだわりを持たないことです。クリエイティブな仕事をしている人は、「このペンの書き心地でないといいアイデアが浮かばない」とか、「このメモ帳の質感が大事」といったように、仕事道具にこだわるタイプが少なくないようです。

しかし、こうしたこだわりが増えれば、いざそれがない環境になったときに集中力を発揮できなくなってしまいかねません。決まったペンやメモ帳がなくても、いつでもアイデアが浮かぶようにしておいたほうが、仕事のスピードはアップしやすいと思います。

■周りに物を置かない

リラックスして何か考えたいとき、私は街の中に出ていくことが多いのですが、思考のスピードを極限まで加速したいときは、できるだけ周囲に物を置かないようにしています。**ギャラリーのような空っぽな空間のほうが、深く思考するのに向いている**と感じるからです。

これは、視覚から入る情報は脳への影響が強く、思考が目に入るものに引きずられがちだからです。

たとえばプロダクトデザインをするときは、できあがったサンプルを目の前に置き、それを見ながらあれこれ考えることになります。しかしこのときに注意が必要なのは、サンプルを見続けるとそれに縛られてしまい、柔軟な発想ができにくくなること。時には、意図的にサンプルを見るのをやめて、考えを深めることも必要なのです。

私は思考のスピードを加速するため、自宅にはできるだけ物を置かないようにしています。ぱっと見ると、まるで浪人生が住む部屋のようです。デスクはつくりつけで、そこに椅子が一脚。あとは布団と音響機器、建築やデザイン関係の本や雑誌が積んであるくらいなのです。

■仕事で着る服は2週間分をセット

できるだけスピーディーに仕事を進めるために、仕事の妨げになるようなロスは小さなことでも避けるべく日々意識しています。

たとえば、私は海外出張中の食事では、メニューの中からできるだけリスクが小さそうなものを選びます。「生ものは食あたりの可能性があるからNG」「揚げ物は胃にもたれるけど、火がしっかり通っているからアリ」といった感じです。

「ずいぶん身体に気を遣って摂生しているんだな」と思われるかもしれませんが、うっかりお腹(なか)を壊して倒れてしまうリスクを考えれば、たいしたことではありません。最近では、「この街はこのお店でこれを食べていればOK」といったパターンを見つけることをゲーム感覚で楽しんでいます。

同様の考え方で、移動するときはできるだけ体力を温存できる方法を探すようにしています。体力のロスが少なければ、それだけ仕事にパワーを割くことができます。

私がいつも同じような服を着て仕事をしているのも、ロスを避けるという思考があるからです。

一般に、デザイナーはビジネスシーンでもラフな恰好をしている方が少なくないようです。実際、仕事をしていると、こだわりの強そうな個性的なスタイルの人を見かけることがあります。

一方、私はいつも白いシャツに黒のズボン。ネクタイを締めていることも珍しくありません。仕事で着る服は白いシャツが30枚、黒いジャケットやズボンが20着くらいあって、それを順番に着ています。ちなみに、黒い靴下とアンダーシャツはすべてユニクロ。2週間分を2セット用意し、海外出張と日本で2週間ずつ着て、順次洗濯しながら回しています。

こうした方法をとっている理由の一つは、「今日はどの服を着ようか」と考える時間も、より有効に活用したいと思うから。もう一つは、そもそも私は自分の能力や才能にすごく自信があるわけではないからです。

もちろん、私がクライアントに案を出すときは自分の中で「これがベストだ」と思えるものを提案しています。しかし、そのアイデアがすべての人に受け入れられるとは限りません。「このアイデアで本当にいいんだろうか」と判断に迷う人がいてもおかしくないわけです。

そのような場面で、クライアントはみんなスーツを着ているのに、私がTシャツを着ていたとしたら――。もしかするとクライアント側の誰かが「なんだ、このデザイナーはTシャツなんか着て」と思うかもしれません。そのことが、提案したアイデアの印象を左右することも考えられるでしょう。

自分のアイデアが、相手の気分を害する恰好をしているがためにまっすぐ受け止められないとしたら、これほど残念なことはないでしょう。クライアントに不快感を与えず、フラットにコミュニケーションしたいと考えれば、ビジネスシーンにふさわしくない恰好をすることがプラスになるとは思えません。

いずれにしても、**仕事の本質と関係のないところには、できるだけよけいなパワーを割かない**ようにしたいと思っています。

■雑誌やメールはどんどん捨てる

私は雑誌が好きでよく読みますが、半年以上前のものは機械的に捨てるようにしています。記事のスクラップもしません。メールは、送ったものも受け取ったものも、3日以上前のものは私のパソコンから削除されるように設定しています。見たものの記録をデジカメに残すということも、まずやりません。情報は「どんどん捨てて、ため込まない」のが基本です。

昔は、私も雑誌の記事をスクラップしていました。しかし、半年、1年と経ってからスクラップを見ると、「どうしてこれに反応したんだろう」と思ったり、最初に記事を見たときほどの感動がなかったりするのです。結局、情報というのは出会ったときに頭に放り込み、あとは自然に抜け落ちていくに任せるのがいいと思うようになりました。

必要な情報があれば、今はすぐ調べる手段がたくさんあります。アイデアを生むためには、情報をため込むのではなく、常に「入れて出す」サイクルを回すことのほうが重要だと感じます。

このような情報とのつきあい方をしていても、大事な情報は頭に残るものです。**「スクラップしたから」などと安心してしまうことがない分、情報に真剣に向き合う**ことにもなります。

私は、雑誌を読むときは一日かけて1～2冊をじっくり読み込みます。本や漫画を読むときもおそらく普通の人の2～3倍の時間がかかっています。これは、最初に見たときの印象をしっかり記憶に残そうとしているからかもしれません。

「何事もスピードを重視する」というと、本を速読するような情報の取り方をイメージする方も多いかもしれませんが、私の場合、速く読もうとすると大事なものを見落としそうで不安になってしまいます。「一応読んだけれど頭に何も残らない」というのではかえって無駄が多い気もするので、時間をかけて丁寧に読み、大事なエッセンスは頭にとどめておきたいと思っています。

「情報はどんどん捨てる」と割り切ると、データの保存や管理にパワーを割く必要もなくなります。

雑誌のスクラップや過去のメールデータ、撮影した写真などは、きちんと管理しようと思えばそれなりに手間がかかるものでしょう。使いたいときにパッと使える状態になっていなければ、そもそも保存しておく意味もありません。いっそ、データの管理に費やす時間をなくしてしまえば、その分だけ仕事も効率化できると思います。

■「可視化」によって「探す手間と時間」をなくす

物や情報を探すのは、手間も時間もかかるもの。ですから私は、物や情報をできるだけ探さずに済むよう、「目に見えるようにしておく」ことを大事にしています。

たとえば仕事で着る服のセットは、業務用のラックにかけてあるので常にひと目で状態がわかります。「すぐ着られるシャツが20枚ある」といったことがすぐわかるので、「シャツはクリーニングに出さなくても大丈夫かな」とか「そろそろ新しいシャツを買い足したほうがいいかな」といったように、よけいなことを考える必要はありません。

服を見えないところにしまうと、その服があることを忘れてしまって、ある日「あれ、そういえばこの服、しばらく着ていなかったな」などということになりがちです。これは、目に見えていないもの、可視化されていないものは、自分の頭から消えていくからではないかと思います。せっかく持っているものが使われなかったり、いざ思い出して「使いたい」となったときに探す手間がかかったりするのは、ちょっともったいない気がします。

これは、データについても同じことがいえます。私はパソコンを使う際、できるだけファイルを並べておくのが好きで、階層を2つより深くしないようにしています。フォルダを開けば、ファイルがひと目で全部わかる状態が理想です。

一般には、「フォルダを複数つくり、ファイルをカテゴリーで分けたほうがデータの整理ができていい」という考え方もあるかもしれません。しかし、こうした方法では、まずファイルを保存するときに、そのカテゴリーを考えなくてはなりません。「これはAかな、

Bかな」と考えて、結局、新しく「Aダッシュ」というカテゴリーをつくるといったことにもなりがちです。そして、探すときにも「何に分類したっけ」と思い出さなければなりません。何かを分類して整理するということは、常にこうした手間を発生させることになります。

「整理しなくていい」と考えれば、整理にかかるパワーをまるごとカットできるでしょう。たとえフォルダの中が少し散らかっていても、全部見えていれば探すのは簡単です。

私は、仕事のメモも「可視化」の考え方に基づいて取っています。

メモを取るときによく使うのは、無印良品の正方形のブロックメモ。ノートやバインダーのように綴じたものを選ばないのは、「ばらして全部広げられる」ことが大切だからです。

考えついたアイデアなどをブロックメモに書いておくと、それをテーブルの上に広げ、グループ分けをしたり優先順位をつけたりといったことが簡単にできます。アイデアをまとめたり、メモから新しいアイデアを考えたりするときに、この方法は効果的です。

バインダーとルーズリーフでもばらして広げることはできそうですが、綴じるときにどうしても順番を意識することになります。この点、メモ用紙ならプロジェクトごとにクリアファイルに放り込んでおくだけ。時には、「このアイデアはあっちのプロジェクトに使えそうだな」などと気づき、メモを別のクリアファイルに移すこともあります。メモを整理しすぎず、あえておおざっぱに扱うことで、発想が柔軟になる効果もあるわけです。

ちなみに、正方形のメモを使うのは、向きを気にしなくて済むからです。「よけいなことを考えずに使える」というのも、私にとっては大切なポイント。また、小さいサイズのメモ用紙は、ちょっとしたアイデアや断片的なことであっても、気軽に書き留めておけるのがいいところです。A4サイズの紙を目の前にすると「全部埋めたい」「ちょっとだけ書くのはもったいない」という思いが心理的なハードルになる気がします。

4 考え方を変えるだけで、スピードは一気に上がる！

■あえて無理のある目標を立てる

私は、実際の納期より早く締め切りを設定して仕事を進めるようにしています。たとえば3週間後が納期なら、まず「1週間で仕上げる」と目標を設定するのです。

このように目標を決めると、自ずと「1週間で仕上げるにはどうすればいいか」と考えるようになります。よりスピードを上げる方法を工夫することで、実際には1週間で仕上げられなかったとしても、2週間あれば余裕を持って仕上げられるようになるといった成果が得られます。

この場合、目標は「かなり無理がある」と思えるような水準で設定するのがポイントです。たとえば「3週間ですら厳しい」という状態で「1週間」という目標を決めれば、当然、極端な負荷をかけて仕事に取り組むことになるでしょう。**そのような状態を何度か経験すると、それまで重いと感じていた負荷も、あまり重く感じなくなる**のが面白いところです。

この方法はさまざまな場面で応用できます。

たとえば私は原稿を書くとき、「2時間くらいかかりそうだ」と思ったら、一度は1時間で仕上げると目標を決めて書いてみます。時間を半分にすれば仕上がる原稿のクオリティは下がりますが、とにかくそのスピード感で文章を考えて書き上げるという経験が重要なのです。

1時間で原稿を書くということがどのような感じなのかを経験することが、クオリティを維持したまま1時間半で原稿を仕上げられるようになるためのステップになります。

極端な目標タイムを設定することは、組織の仕組みを見直すきっかけにもなります。

たとえば模型製作の納期を半分にするなら、組織としては今の社員数で倍の仕事量をこなす必要があります。それを可能にするには何が必要かと考えると、「新しい設備を導入したらどうか」「社内でやっている仕事を外注したらどうなるか」といったように、具体的な手段がいくつか思い浮かぶでしょう。これらを一つひとつ検討していけば、「理論上は、模型製作のコストを3割上乗せすれば半分のスピードで対応できる」といった解が見つかるわけです。

極端な締め切りを設定すると、今まで通りのやり方では達成できませんから、思い切ったアイデアを考えなくてはならなくなります。これを意識的に実践することが、業務の改善策を見つけることにつながります。

■どんな仕事も「できない」と決めつけない

あるプロジェクトで、「クライアントの要望に応えるには、3日後には新商品のコンセプトをプレゼンしなければならない」という状況になったときのことです。

そのプロジェクトに関わっていたほかの会社の人たちは、全員が口をそろえて「無理ですから、断りましょう」と言いました。3日でコンセプトを固めてプレゼンの準備までするなんてとてもできない、というわけです。

しかし、そこで私は「3日間あるんですから最善を尽くしてみましょう」と粘りました。

私は、何事も最初から「できないだろう」と考えるのではなく、**「やれるんじゃないか」「やるためにはどうするか」という発想で考えることが大事**だと思っています。

この考え方は、「少しでもリスクがあるなら、やめたほうがいい」と考える人たちにはなかなか理解されないのですが、可能性を真剣に考えないまま物事を切り捨てるのはとてももったいないことだと思うのです。

「やるためにはどうするか」を考えるときに軸となるのは、「お金」「人手」「時間」の3つです。この3つの軸のうち、どこかで無理が利くなら手の打ちようはあります。お金を使って作業の一部を外注したり、社員を一時的にそのプロジェクトだけに集中して投入したり、人手の要る作業があるなら短期的に人を雇ったりといった方法が考えられるでしょう。時間だけはあるというプロジェクトなら、人手を減らして時間をかけて取り組めばコストを抑えることも可能です。

これは、たとえていえば輪ゴムでつくった三角形のようなもの。「お金」「人手」「時間」の3点のうち、どこか一点を伸ばせれば、形はいびつでも面積は稼げます。お金も人手も時間もないとなるとできることはかなり限定されますし、「どうしても無理だ」という場面が出てくることもあると思いますが、一点でも伸ばせるなら「無理」と判断するのは早計です。

私が無茶なスケジュールのプロジェクトでもどんどん引き受けられるのは、常にこのような考え方で仕事に臨んでいるからだと思います。難題だと思えることも、まずは「やり方次第で、できる」と考えることが大切です。

■手が遅い人のスピードアップ法

「仕事のスピードを上げる」と一口に言っても、アプローチの仕方は複数あります。

たとえば、ネンドで働くスタッフの中には、手を速く動かせる人もいれば、何をやっても動きが遅いというタイプの人もいます。

それでは動きが遅いタイプの人にスピーディーな仕事はできないのかといえば、そんなことはありません。今からスキルを磨いて手を速く動かせるようになるのは難しいかもしれませんが、「どうすれば手数を減らしてゴールにたどり着けるか」を意識することでプロセスを短縮できれば、トータルでかかる時間は短くできるのです。

わかりやすい例を挙げましょう。

一般に、プロダクトをデザインする際は商品化するまでに何回か試作を重ねます。色や形や質感などを変えて複数の模型をつくり、それを見ながら完成イメージを固めていくわけです。

今、色が3色、形が3つ、表面の仕上げ方にツルツルしたものとザラザラしたものの2種類の候補があったとすると、すべてのパターンを確認するには全部で18種類の模型をつくることになります。

期限までにすべてつくれる人なら、18種類つくればいいでしょう。しかし「自分の作業スピードで18種類つくっていたら締め切りに間に合わない」という人の場合には、いかに少ない手順で色、形、質感の要素を決めるか、その方法を考える力が求められます。

その段階において、どのパターンの試作品をつくれば時間やお金を無駄にすることなくしっかりジャッジできるのか？ 仮に「形の違いは模型をつくらずにコンピューター・グラフィックスで見れば十分に判断できる」と考えられるなら、つくる模型は6種類で済むわけです。最終的に結果が同じなら、18種類の試作品をつくることにこだわる理由はありません。

このように、たくさんの選択肢があるときに「いかに効率よく、確度の高い候補に絞り込むか」という観点で考える習慣は、業界を問わず仕事のスピードアップに役立つのではないかと思います。

このほか、どのあたりに「地雷」が埋まっているかを予測して失敗を避けることも、仕事のスピードアップにつながります。失敗すると、その分を取り返すためのエネルギーや時間がかかってしまうもの。そのような無駄をなくし、リスクが小さい最短コースを探しながら作業する習慣を身につければ、作業スピードが遅い人でも時間を短縮することは可能なのです。

■間違えてもいいから、判断は早く

ネンドでは、プロジェクトごとに担当者が一人ついています。それぞれの担当者の下に作業を手伝うスタッフはつきますが、プロジェクトの方向性は私と担当者が一対一で話し合いながら進めるスタイルです。

私は海外出張で日本にいないことも多いため、会社にいられるときに、担当者とプロジェクトの進捗状況を一緒にチェックしていく時間を取っています。一日のうちに30〜50程度のプロジェクトについて次々と何らかの判断を求められることになるわけです。

このときに意識しているのは、悩まずにその場ですべて決断することです。選択肢が多いと選びにくいので、まず2つに絞ります。あとはゲーム感覚で、直感を頼りに選びます。

私にとって仕事はゲームと似たところがあり、瞬時の判断をするときはいつも「スーパーマリオブラザーズ」みたいだな、と感じます。クリボーがやってきたら、マリオの選択肢は相手をつぶすかジャンプして飛び越えるかの2つ。いちいちどちらにしようかと悩むことはありません。悩んで立ち止まってしまえば、マリオはクリボーにぶつかり、ライフが一つ減ってしまうのです。

ふざけているように思われるかもしれませんが、大切なのは「決めること」だというのが私の考えです。二択なら、決断のうち50%は正しいほうを選べるはずです。半分は成功すると考えれば、悪い確率ではありません。それに、仮に判断が間違っていたとしても、常にスピーディーに決断して仕事を前に進めていれば、間違いに気づいたときに取り返す時間も確保しやすくなるでしょう。**決断に時間をかけることは、間違った決断をすることよりも悪影響が大きい**と思います。

いつもこんな調子なので、もしかすると、スタッフからは私がろくに考えずに物事を決めているように見えているかもしれません。

もちろん決断をするからには私の中でそれなりの理由があるのですが、それがすべてロジカルに説明できるものとは限りません。過去の経験に基づいた判断なら、丁寧に説明すれば納得してもらえるかもしれませんが、新しいクライアントと未経験のプロジェクトに次々と取り組んでいれば、過去の経験則から答えが導けるケースはそう多くないものです。

一ついえることがあるとすれば、２つの選択肢から一つに絞るときに私が重視しているのは、「どちらを選べば後々の可能性が広がるか」ということです。できるだけ選択肢を狭めず、柔軟に対応できるのはどちらか？　と考えて決断しておいて、もし途中で間違いだとわかったら、すぐ戻って直せばいいと思っています。

■大切なのは、選択肢の中から「2つに絞る力」

決断を早くすることは重要ですが、やってみれば「2つから一つを選ぶ」というのはそう難しくはありません。50％の確率でより正しいほうを選べるわけですし、経験のあるジャンルのことなら、正解率をもっと高めることもできるでしょう。

私は、より重要なのは、多くの選択肢から2つに絞る力だと思っています。

問題を解決するステップを最初から考えると、まず求められるのは選択肢を広げる能力です。A、B、C、Dと方向性をいくつ考えられるかは、アイデアを考えたり、プロジェクトに関わる人たちから意見を引き出したりする力にかかっています。

しかし、選択肢を広げる力についていえば、経験さえ積めば比較的誰でも身につけやすいと思います。問題は、たくさんの選択肢の中からいかにスピーディーに2つに絞るか。「AかDしかない」というところまでロジカルに詰めて考えられれば、プロジェクトの成功は見えたも同然といっていいかもしれません。

たとえば2014年に手がけたスターバックスの目黒権之助坂店リニューアル（写真②）では、「すべてソファ席にし、席数を減らし、より快適性の高い空間をつくる」「全部の席を、ちょっと立ち寄るのにちょうどいいハイスツールにして席数を増やし、お店の回転を促す」という2つの方向性を考えました。

もともと、発祥の地であるシアトルでつくられたスターバックスの店舗のフォーマットは、家や職場とは別のサードプレイスという「自分のもう一つの居場所」を提供するという考えに基づいています。しかし、スターバックスの都心型店舗には、ゆったりできるスペースを確保しにくいという課題がありました。席数と快適性のバランスについて、都心型に合った新しいフォーマットを考える必要があったわけです。

この場合、ゆったりできる席をどれくらいにし、スペースの効率性を優先した席をどれくらいにするのか、席数と快適性のバランスには無数の解が考えられます。

では選択肢を2つに絞るときに何を重視するのかというと、私はいつも「長所が最も大きいもの」で、かつ「方向性がまったく異なるもの」はどれかを考えます。このとき、どの選択肢にも必ず長所と短所がありますが、短所が小さければよいとは思いません。リスクが大きくても、大きな長所があることのほうを優先して選びます。

目黒権之助坂店のリニューアルの際に絞り込んだ2つの方向性も、こうした考え方から導き出したものでした。

最終的に選ばれたのは、すべての席をハイスツールにして席数を増やす案です。目黒権之助坂店の近くにはスターバックス コーヒー ジャパンの本社があり、その1階にはゆったりとスペースを取った店舗がありました。そのことを踏まえ、目黒権之助坂店はまた別のニーズに応えられる店舗にしてみようということになったわけです。

そこで、一人か2人で来店し、ちょっと座ってノートパソコンを開き、メールをチェックする——というような利用を想定し、テーブルも40センチ四方程度の小さいサイズにしました。もともとの店舗は席数が20席弱でしたが、このような店舗デザインを採用したことで35席ほどに増やすことができ、リニューアル後は売上げを大きく伸ばすことに成功。現在は、ほかの都心型店舗でも同様のフォーマットの考え方が波及しつつあります。

このプロジェクトでは「全部ソファ席にするか、全部をハイスツールにするか」という

2つの選択肢を考えたわけですが、このように選択肢をきちんと絞り込めれば、プロジェクトが失敗するリスクは高くないと思います。

すべてをソファ席にした店舗をつくった場合も、快適性がアップして利用者の定着率が高まるなど、何かしら成果は出ていたはずです。

2つの案にはどちらも長所と短所があり、何が得られて何を失うか、方向性はまったく異なります。しかし「長所が大きい案」を選んでいるのですから、少なくとも現状から大きな変化が起きることは間違いないのです。

■「とりあえず会って話を」は非効率

最速で質の高いアウトプットを得るためには、プロセスへのこだわりを捨てることが必要です。

さまざまな方と仕事をしていると、結果だけを求めるタイプの人と、プロセスを重視するタイプの人がいることに気づきます。経営者の多くは、結果だけを求めるタイプ。プロセス重視派は、どちらかというと〝優等生〟に多い気がします。

たとえば、プロセス重視派の方からは、よく「関係者全員を集めた定例ミーティングをやりましょう」といった提案がなされます。プロジェクトに関する情報は全員で共有したほうが、きっとスムーズに進むだろうというわけです。

確かに、情報は共有したほうがいい面もたくさんあります。しかし、必ずしも定例ミーティングで全員が一堂に会する必要はないかもしれません。メールでCCを入れれば十分なことはそれで済ませたほうが効率的ですし、担当チームごとの責任者だけで共有しておけばいい情報もあるかもしれません。結果だけを重視するなら、定例ミーティングは不要なことが多いように思います。

定例ミーティングの例に限らず、「なぜそうするのか、それをやることが結果につながるのか」を考えずに、「とりあえずビジネス上のセオリーにのっとって物事を進めておこう」と考える人は少なくありません。

「プレゼンのときはできるだけ大人数でクライアントのところに行ったほうがいい」といった考え方も、プロセス重視で結果を意識していないパターンの一つでしょう。プレゼンをする人さえいれば、大人数で押しかける必要はなく、ほかの人は現場に残ったほうが仕事を効率的に進められるはずです。それでもプロセス重視派の間では、「大人数で行けば、それだけの人数を割いているというアピールになり、クライアントも安心する」といった理屈が優先されます。

最初にコンタクトを取るときに、「とりあえず会ってお話ししましょう」というのもプロセス重視の一例かもしれません。

もちろん、スケジュールが合わせられるなら「とりあえず会って……」という方法もあっていいと思いますし、「佐藤さんにウチの社長と会ってもらって」と言っていただくのは本当にありがたいことです。しかし、多忙な社長と、日本にいる時間が限られている私のスケジュールが合わないことは少なくありません。

たとえば私が海外出張でいない場合、まずはスタッフに必要な情報を伝えておいていただければ、その後のプロジェクトがスムーズに進むこともあるわけです。そのようなときにも「とりあえず会う」プロセスに過度にこだわることは、仕事の結果には結びつかないように思います。

定例ミーティングも、大人数で押しかけるプレゼンも、「とりあえず会ってお話を」も、プロセスにこだわることで何かしら無駄が発生しているパターンといえます。

よりよいプロセスで仕事を進めることは重要ですが、**よいプロセスとはあくまで「結果に直結するプロセス」**です。こうした意識を高めることが、よりスピーディーに結果を出すことにつながります。

このような考え方は時に嫌われることもありますが、惰性で素振りをしていることに満足するより、試合でヒットを1本打つために本当に必要な練習は何かを考え、その練習に力を注ぐことのほうが大切ではないかと思います。

5 前のめりな姿勢が仕事を加速させる

■"恥ずかしい"という心のブレーキを外す

早稲田大学理工学部のある西早稲田キャンパスは、戸山公園という都立公園に隣接しています。

私がそのキャンパスに通っていた頃、戸山公園には大勢のホームレスの人たちが集まっていました。

当時の私は、ホームレスというのは「とても不幸な人たち」で、「生活に困窮している状態」というイメージを持っていました。しかし、いざ間近で見てみると、どうも彼らは想像していたのとはまったく違う生活を送っているようでした。どこかから電気を引いてきて、テレビで野球中継を見ながらビールを飲み、飼い犬をなでている様子は、不幸とはほど遠く見えました。

彼らの中にはコミュニティーがあって、雑誌を回収したりゴミを集めたりといった役割分担もあり、朝礼のような集まりもありました。

私は学生時代、戸山公園でホームレスの人たちと何度か酒を飲んだこともあります。そこで、彼らが「いやぁ、痛風になっちゃって」「俺は糖尿病だ」などと話しているのを聞いたとき、私の中で一つブレーキが壊れました。

日本では、ホームレスになっても痛風や糖尿病になるくらいの生活ができる――そのことを目の当たりにすると、怖いものがあまりなくなってしまったのです。

以来、私の中には、いつも「死ぬのは怖いけれど、その手前ぐらいまでなら行けるな」という感覚があります。

もしかすると、これが大学時代に勉強したことの中で一番大きかったかもしれません。「たとえ最悪の状態になったとしても、戸山公園がある」と思えば、失敗をすることに抵抗がなくなりますし、どんなことにも飛び込める覚悟も決まるからです。

おそらく、私が新しいことに挑戦することに躊躇（ちゅうちょ）がなく、何でも好奇心を持って「やってみたい」と思えるのは、失敗することの恐怖から解放されているからではないかと思います。人前で間違ったことを言ったりやったりしてしまっても、一瞬は恥ずかしいですが、引きずることはあまりありません。

羞恥心や恐怖心というブレーキを外すと、仕事のスピードはぐんぐん上がります。**失敗をどんどん重ねられるので、そこから多くのことを学べますし、失敗したからといっていちいちクヨクヨすることもありません。**

こうして経験を重ねていけば、さらに仕事の質やスピードが上がっていくというサイクルが生まれます。

「そんなに失敗ばかりしていていいのか」と思うかもしれませんが、スピード感を持って仕事をしていれば、たとえ失敗してもリカバーする時間はあります。

それに、失敗したらすぐ次の手を考えるのはもちろんですが、さらにその失敗をどうにかしてうまく活かせないかと前向きに考えるくらいのおおらかさがあれば、最終的には「あの失敗があったおかげで面白いものができたね」という展開になることも少なくありません。

そもそもプロジェクトを進めていれば、たとえ自分が失敗しなくても、関わっている人のうちの誰かが失敗することは珍しくありません。プロジェクトにとってマイナスなことが起きるのは、想定の範囲内。いちいち自分や他人を責めるのは不毛です。

失敗を恐れて一歩が踏み出せなければ、仕事のスピードを上げることはできません。繰り返しますが、「たとえ最悪の状態になったとしても、戸山公園がある」です。思い切って、羞恥心や恐怖心のブレーキを外してみてはどうでしょうか。

■仕事に関係ないことにも全力で挑戦する

近年は、デザイン以外の仕事をお受けすることも増えてきました。

2014年にはJ-WAVEの「CREADIO」という番組でラジオのパーソナリティを務め始めましたし、ファッション誌でモデルの真似ごとをしてみたり、雑誌「エル・デコ」での世界のトップデザイナーとの対談連載では、対談相手を選ぶところから始まって撮影の手配、原稿書きに至るまでまるごと引き受けたりもしていました。私の場合、デザイン以外のことであっても、声がかかればとりあえずやってみることが多いと思います。

どうしてこういった依頼を受けるのかというと、ラジオ番組を持ったり雑誌連載で毎月海外にインタビューに行き、記事を書いたりというのは今までデザイナーがやってこなかった仕事で、やってみなければそれがどんなものか判断できないからです。

もしかしたら、何か新しいアイデアにつながる可能性もありますし、デザインの仕事だけでは得られない出会いが生まれ、まったく新しい仕事と結びつくかもしれません。とにかく、**新しいことに挑戦すれば、何かしら勉強になることは間違いありません。**

そもそも、私は「わからないこと」や「見えていないこと」はポジティブに捉える楽観主義者です。端から見れば「忙しいのに、どうしてあんなことまでやっているんだろう」と思われるかもしれませんが、「とにかく何でもやってみる」、そして「やるからには全力でやる」というのが私のスタンス。その楽観主義があったからこそ、ここまでこられたのではないかと思っています。

2012年、「エル・デコ インターナショナル デザイン アワード」で「デザイナー・オブ・ザ・イヤー」を受賞したときのことです。授賞式が行われるのは、デザインの祭典

「ミラノサローネ 国際家具見本市」開催中のイタリア・ミラノ。そこで私は、受賞のスピーチをイタリア語でしようと決めました。

私はカナダで生まれて11歳から日本で暮らしているので、英語は日常会話には不自由しない程度に話せます。しかし、イタリア語はまったく話せません。

そこでまず英語でスピーチを書き、それをイタリア人スタッフに訳してもらい、音声も録音して毎日それを聞きながら練習しました。英語の勉強をしたことがなく、語学の身につけ方がよくわかっていないので、とにかく音を聞いて真似しながら覚えるしかありません。それでも中途半端なのは絶対に嫌だったので、教えてくれるイタリア人スタッフには「まるで生まれたときからイタリア語を話している人のような発音になるまで厳しく教えてほしい」と頼み込み、練習に練習を重ねました。

授賞式当日、私がイタリア語で話し始めると、会場の人たちが笑う声が聞こえました。私がふだんイタリア語を話さないことはわかっているので、面白がってくれたのです。

スピーチをすべて流暢（りゅうちょう）なイタリア語で続けるにつれ、会場はどんどん盛り上がっていき、最後に「今後はイタリア語を勉強したいと思います。なぜなら、私が知っているイタリア語はこれだけだからです」と言うと、大喝采となりました。

このスピーチはその後の反響も大きく、しばらくは会う人ごとに「あのスピーチはよかったですね」「面白かったですよ」などと声をかけられたり、イタリアではクライアントから「佐藤さんがイタリア語を話せたなんて知りませんでしたよ」と冗談を言われたりしたものです。

もちろん、イタリア語を覚えて流暢なスピーチをしたからといって、それがすぐ仕事の役に立つわけではありませんから、「忙しいのに、何もそこまでしなくても」と思う方もいるかもしれません。

それでも、授賞式の主催者の方は私がイタリア語でスピーチしたことをとても喜んでくださいましたし、その後にスピーチのことが話の種になり、イタリアのクライアントの懐に少し入れた気がしたこともありました。

たとえはっきりと目に見える成果がなかったとしても、全力で挑戦したことからは必ず「何か」を得られるものだと思います。少なくとも、大きな賞の授賞式に参列した方々に強い印象を残せたことは間違いないでしょう。

こうした積み重ねが大きなチャンスをもたらし、それを一つずつものにしてきたことが、結果的に会社の成長を加速させてきたように感じています。

■「10年後にやりたい仕事」は今すぐやる

私はよく若いデザイナーに、「10年後にやりたいと思っている仕事があるなら、今やったほうがいい」とアドバイスしています。

人は大きな目標を持ったとき、「そのために毎日こつこつ努力して一歩ずつ階段を上っていこう」といった思考になりやすいものでしょう。高い志を持つ若手デザイナーも、多くは「とりあえず今は目の前にある仕事をしっかりやって、いつか夢を叶(かな)えたい」と言います。

これはとてもよいことを言っているように聞こえますが、私の考えはまったく逆。もしも10年後にやりたい理想の仕事があるなら、どんなに無理をしてでも、それを今、実現したほうがいいと思うのです。

たとえば、「いつかはこんなデザインの家をつくってみたい」とアイデアを温めている建築家がいるとします。

「夢を叶えるためにこつこつ与えられた仕事をしよう」というスタンスでいれば、つくるものはそこそこ無難なデザインに落ち着くことでしょう。そうやって無難なデザインをずっと続けていると、クライアントなど周囲の人は「この人は無難にデザインしてくれる人だ」と考えるようになります。心に秘めた夢のプランがどんなにすばらしいものであっても、そのことは周囲には伝わりません。

このように、「この人は無難なデザインをする人」という印象を一度周囲に与えてしまうと、10年後に特別な仕事をやらせてくれるクライアントが現れる可能性は非常に低くなります。これは、コンクリート打ち放しの建築で知られる安藤忠雄さんのもとに、コンクリートを活かした建物を期待する人が集まるのと同じ理屈です。

自分が携わった仕事は、自分の未来を左右します。

だからこそ、意地でもやりたいと思うものがあるなら、どんなに時間やお金がかかっても、それをやり遂げたほうがいいと思うのです。たとえ借金をしてでも、自分が「これだ」と思うものを実現できれば、その作品を見た人が周囲に集まるようになります。そうなれば、徐々に自分のブランドがつくられていくことでしょう。

2002年に会社をつくったときに私が仲間と考えたのは、「どうやったらミラノサローネに出展できるのか」ということ。そして翌2003年には、ミラノサローネに出展したのです。

当時、仕事の実績はまだほとんどなく、出展にかかる費用はすべて自分たちの持ち出しです。出展したからといって、何か仕事につながるというあてがあったわけでもありません。

しかし、あのときにミラノサローネに出展したことは、確実に現在へとつながっていると思います。

目標が明確なら、実現するための道筋を思い描き、何が必要かを考えて「今日は何をするか」を決めることが大切です。

道筋が明確に描ければ、最短距離を進んで目標に到達することができるでしょう。しかし、そういった意識を持って仕事に取り組まなければ、いつまで経っても目標は目標のままなのです。

PART 2

400のプロジェクトを〝超〟高速に進める手法

1 依頼は幅広く受けるが、断る基準は守る

■コンペには参加しない

クライアントからの仕事の依頼は、「指名」のケースと、ほかのデザイン会社など複数の候補から提案内容を見て選びたいという「コンペ」のケースがあります。

一般にコンペは新しいクライアントとの出会いのきっかけになりますし、会社によってはコンペを行って依頼先を決めることを社内ルールとしているところもあります。

しかし、私は原則としてコンペには参加しないことにしています。

コンペに参加しないのは、提示された条件に基づいてその範囲内で提案をするというやり方では、本当の意味で相手の期待に応えられるアイデアは出せないと思うからです。

通常、私はクライアントから依頼を受けると、どのような課題を持っているのか、何を

望んでいるのか等を詳しく聞き、幅広く情報収集したうえで、課題解決につながる提案を行うというステップを踏みます。ヒアリングや収集した情報の内容によっては、当初のクライアントの要望とはまったく異なる提案に至ることも少なくありません。

しかしコンペの場合には、事前にクライアントと細かな打ち合わせをする機会はありませんから、クライアントの要望通りの提案をするしかありません。

そのような状況でも、「コンペに勝てそうな案」「社内で通りやすいような、担当者が喜びそうな案」を出すことはできます。ただ、コンペに通ったとしても誰も幸せにはならないように思います。

いったんコンペに通った案は「一度、みんなでこの方向にすると決めた」という理由から否定しづらくなり、クライアントからも意見が出にくくなるもの。そもそも**「社内で通りやすそうな案」が、世の中に商品やサービスとして出たときに消費者から受け入れられる案であるとは限らない**のです。

また、コンペの場合、クライアントの雰囲気がわからないこともネックとなります。指名の仕事の場合、最初に課題や要望などをクライアントと詳しく打ち合わせますが、そのときに相手の方の話を聞きながら雰囲気も見ているものなのです。

たとえば、商品開発の現場担当者とその上司の方がいらっしゃった場合などは、それぞれがほぼ同じことを話していても、背景にある考え方に微妙な違いを感じることがあるものです。詳しく話を聞いているうちに、「現場の担当者は、本当はもっとほかにやりたいことがあるんだな」などと気づいたりもします。

こうしたコミュニケーションを通じて、チームの状況や各個人の思いまである程度理解しなければ、いい提案はできません。

もしコンペに参加したとしても、結果的に双方にとってあまりメリットは生まれないと思います。

時間が無駄になる可能性が高い仕事はできるだけ避け、その分のリソースをほかの仕事に割り当てたほうが、全体的な仕事の効率は高まるでしょう。

■うまくいかないプロジェクトの見分け方

クライアントとお話ししていると、「これはこのままプロジェクトを進めても、いずれ頓挫する」と判断せざるを得ないこともあります。そのような場合は、クライアントの言う通りに進めることはせず、いったんプロジェクトを止めることになります。

よくあるのは、どのような課題があるのか、それを解決するためにはどんなデザインが望ましいのかという「着地点」が見えない状態のまま、「とりあえずいくつかつくってみてもらえませんか」と頼まれるケースです。

「何でもいいいから形になったものを見て、それから考えたい」という方は少なくありません。

しかし、そもそもクライアントが求めているものが何なのかがわからなければ、よいアウトプットはできません。「とりあえず」で何かデザインしても、決してよいものは生まれないのです。このような方法では、結局、関わった人が誰も幸せになれないのではないかと思います。

これは、デザイン以外の仕事にも当てはまる考え方でしょう。**課題の分析ができておらず、「着地点」がわからないまま仕事を進めれば、スピードを上げることもクオリティを高めることも望めない**のです。

打ち合わせで担当者から「最終的に社長がどう判断するかはわかりませんが、まずはつくってみてください」と言われることもあります。これも、うっかりそのまま進めると頓挫することが多いパターンです。

どんなに詳しくクライアントの話を聞けたとしても、話をしてくれた方に意思決定権がまったくないとすれば、「その会社が何を求めているのか」がわかっていないことになります。

もちろん、必ず社長に話を聞かなければならないというわけではありません。現場の方がある程度意思決定に影響を及ぼせるのであれば、まったく問題ありません。

いずれにしても、意思決定権のある方と最初にじっくりお話しすることは、プロジェクトをスムーズな成功に導くための鍵の一つといえるでしょう。

また、最初の要望の中に明らかに矛盾するものがあり、優先順位がつけられていないときも注意が必要です。

仮に上司が「コストを下げたい」と言う一方で、現場担当者は「機能も質感も高めたい」と言っている場合、どちらの要望を優先すべきかを明確にしておかないと、全員が満足するデザインを提案することは難しくなるでしょう。

もちろん、場合によってはデザインで両方の要望を成立させられる可能性もあります。

しかし、何が一番大事なのかを最初にはっきりさせておかないと、「どうしても両立は難しい」となったときにプロジェクトが迷走することになりかねません。

いくらスピード感を持って仕事を進めていても、プロジェクトが頓挫してしまえばそれまでです。さまざまな事情からプロジェクトが中断することはあるものですが、明らかに「このまま進めてもうまくいかないだろう」と思われる状況にあるときは、いったん止める勇気を持つことも必要です。

■「自分以外の人がやったほうがいい仕事」は受けない

最初に少し触れましたが、私は「プロダクトデザイン」「インテリアデザイン」などとジャンルを決めず、さまざまな仕事をお引き受けしています。デザインの力でクライアントの課題解決に取り組む案件には、幅広くチャレンジしたいというのが基本的な考えです。

しかし、依頼があれば何でもお引き受けするというわけではありません。「自分以外の人がやったほうが、よりよい結果になるだろうな」と思われる案件や、意欲がわかない仕事は、最初に依頼があった段階でお断りするようにしています。

たとえば最近では、海外のあるラグジュアリー・ブランドから「香水ボトルのキャップだけをデザインしてほしい」という依頼があったのですが、これはお断りしました。

香水は、中身だけでなく世界観やストーリーを含めて世の中に送り出されるものです。ですから、世界観を考えるところから携わることができず、ボトルキャップという部分的なデザインだけをお引き受けするのでは、いい結果を生まないだろうと考えました。

また、この案件は、決定権を持つトップに提案が上がるまでのステップが、とても多い体制であることも懸念点でした。提案したデザインを担当者が上司にプレゼンし、その上司がデザイン部門の人にプレゼンし、その人がトップにプレゼンするという話でしたから、ストライクゾーンが見えないままボールを投げるようなものだと思ったのです。

それに、ヨーロッパには造形力で勝負しているデザイナーがたくさんいます。彼らに依頼したほうが、このブランドにとってもよい結果が生まれるのではないかということも頭にありました。

一方、同じ香水の仕事でも、ほぼ同時期にお話をいただいたケンゾーの香水ボトルデザインでは、コンセプト開発から参加させてもらうことができました。若年層をターゲットにしたもので、ボトルデザインだけでなくロゴもつくって提案したところ、両方採用されました。最終的には同じボトルで3種類の香水が発売されています。

このように、一見似たような仕事であっても、お受けするかお断りするかは私の経験をもとにした一定の判断基準に従って決めています。

もちろん、自分がやる意味が見いだせないからといった理由だけで一概に断るわけではありません。「誰がやってもあまり結果は変わらないかもしれないけれど、自分がやらなくてはならない仕事」や、「苦手だけれど、自分がやることでクライアントが喜んでくれそうな仕事」もありますから、お受けするかどうかを決めるのはケース・バイ・ケースということになります。

しかし、**受けるべきではない仕事をできるだけ早いタイミングで断ることは、全体的な仕事のスピードアップのためにも重要なこと**です。以前はその判断を誤ることも少なくありませんでしたが、数多くのプロジェクトを経験するうちに、「断るべき仕事」の自分なりの基準を持てるようになりました。

デザインに限らず、どんな仕事でも「周囲からの期待に応える」ことは大切でしょう。しかし、常に頭の中で「自分だからこそ応えられる期待とは何なのか」を考えることも必要です。そうやって経験を重ねていくことで、次第に自分なりの仕事選びの基準ができてくるのではないかと思います。

2 〝使える情報〟の集め方

■情報収集にこそ時間をかける

私が手がけるプロジェクトは、プレゼンで提示した方向から大きく変わらず、そのまま形になるケースが比較的多いです。

プロジェクトの軸がブレることなく完遂できる秘訣(ひけつ)は、最初に相手のニーズをしっかり把握することにより、プレゼンの段階でクライアントが納得するような完成度の高いものを出せる状態になっているからです。

完成形に近いプレゼンを行うために重要なのは、事前の情報収集です。

クライアントの中には、「せっかくだから自由にアイデアを考えてもらったほうがいいのでは」と考えて情報をあまり出さないようにする方もいますが、私はいつも、どんなに小さな情報であっても、まずは教えてほしいとお願いしています。情報は、あるに越したことはないというのが私の考えです。

打ち合わせでは私からたくさん質問しますし、直接関係なさそうな古い資料まで送っていただいたり、工場などの設備を見に行ったりすることも少なくありません。

情報収集は、プロジェクトが始まる前からスタートします。

一般的に、初回の打ち合わせは「クライアントがデザイナーにプロジェクトの前提となる情報等を説明し、要望を伝える場」と考えられているのではないかと思いますが、私は前提知識がない状態で打ち合わせに臨むことはありません。打ち合わせの前に一通りの情報を集めてしまうのです。

少なくとも、クライアントの事業内容、市場環境、経営者がどのような方なのか、依頼されている商品の最近のトレンドやターゲットの属性、競合企業の状況といったことは、インターネットなどで調べればある程度の情報を得ることができます。

こういったリサーチは、アイデア発想のベースとして必要なのはもちろんですが、いざ提案の段階になって「競合企業がすでに同じようなものを出してますよ」「ウチが5年前に出した商品と似ていますね」などと指摘されるような悲劇を防ぐ意味でも重要です。

打ち合わせの前には、クライアントの店舗に足を運んで現場を見ておいたり、実際に商品やサービスを使ってみたりすることも少なくありません。業界に詳しい方やそのクライアントと仕事をしたことがある知人がいれば、参考のために事前に話を聞くこともあります。

こうしてしっかり情報収集していれば、打ち合わせのときには大まかな知識は頭に入っていますから、クライアントがどんな課題を持っているのか、その背景にどのような事情があるのかなど、直接お話を伺ってこそわかることに、より多くの時間を割くことができます。

打ち合わせにかける時間はだいたい1~2時間程度。お話を聞いたうえでもっと必要な情報があると判断すれば、追加で情報のご提供をお願いすることもあります。

情報集めに多大な時間や労力を割くことは、「スピードを重視する」という方針と正反対のやり方のように感じられるかもしれません。

しかし、**プロジェクト全体を俯瞰（ふかん）してみると、最初にしっかり必要な情報を集めることこそがスピードアップの秘訣**だとわかります。

情報をたくさんインプットしたほうがアイデアのアウトプットにかかる時間は短縮されますし、初期段階で方向性を明確にしておくことができれば、プロジェクトの「軸」が決まり、その後の過程において「ブレるリスク」は最小限にとどめられます。徹底した情報収集の結果、プレゼンをそのまま形にすることができ、結果的に時間短縮につながるのです。

私は、情報収集は「おいしい料理をつくるための食材集め」のようなものだと思っています。特別な材料でなくても、とりあえず集められるものは全部集め、「さて、一番おいしい料理をどうやってつくろうか」と考えるのがデザイナーの仕事。主婦が冷蔵庫の残り物で料理をつくるようなものかもしれません。

「クライアントにはどんな情報（＝料理の材料）も出してほしい」というのは、クライアントにとってたいしたものとは思えない情報でも、私にとっては「それを使うと料理がおいしくなりそうな材料」であることがよくあるからです。

冷蔵庫の中を他人に全部見せるのはちょっと恥ずかしいものかもしれませんが、使われずに傷みかけている材料の中に、「ぜひこれは料理に入れたい」というものがあったりもするので、できれば隅から隅まで見せてほしいなと思っています。

■データは鵜呑みにしない

情報を集めるステップでは、プロジェクトに関係するデータをクライアントに提供してもらって徹底的に分析します。また、打ち合わせの際は、クライアントに過去の成功事例や失敗事例について詳しく聞くようにしています。

過去に実際に何が起きたのかを知ることは、現状の課題を深く理解するのに非常に役立ちますし、クライアント企業がこれまでどのような方向に向かって進んできたのかがわかれば、その延長線上にあるアイデアを出すことも可能になります。

「それでは面白いアイデアにならないのでは?」と思われるかもしれませんが、従来とまったく方向性の異なるアイデアでは、現実問題として実現できないこともあるのです。

また、企業が持っているデータやその分析結果に先入観を捨てて向き合うことも大切です。というのも、会社が認識していることが、現実とズレていることもよくあるからです。

たとえば、バッグメーカーのエースと、彼らのハイエンドなスーツケースブランド「プロテカ」をリニューアルし、新商品をつくることになったときの話です。

エースの担当者の方のお話によれば、プロテカは非常に過酷な耐久テストを経ており、海外ブランドのものより頑丈にできているのがセールスポイントの一つということでした。

「これほどハードな条件をクリアしている商品は、ウチのものだけです」

そう担当者の方がおっしゃるのを聞きながら私が考えていたのは、「それはとてもすばらしいことだけれど、スーツケースを買うとき、ユーザーはプロテカに頑丈さを期待しているのだろうか」ということでした。

もちろん、エースではユーザーの意識調査のデータを持っていました。そのデータによれば、スーツケースについて「頑丈であることが重要」とする人の割合が非常に高かったのです。

しかし、「あなたはスーツケースを選ぶときに何を重視しますか」といった質問に対して「頑丈であること」という項目があり、「重要」「どちらかというと重要」「あまり重要ではない」「まったく重要ではない」という選択肢があったら、回答する人は「どちらかというと重要」のあたりにマルをつけるのではないかと思います。

ではその人がスーツケース売り場でどれを買おうかと迷っているとき、仮にお店の人から「プロテカは頑丈ですよ」「リモワはまあまあ丈夫ですね」などとアドバイスされたとして、必ずプロテカを選ぶでしょうか？　頑丈であることが本当にスーツケース選びの決定打になるのかどうかは、データからはわかりません。毎月出張する人にとっては頑丈であることの重要性は高そうですが、年に1～2回海外旅行をする程度の人が求める「頑丈さ」は、また度合いが異なるようにも思えます。

ここでデータを疑い、「耐久性の基準を少し落としてもよい」と判断できれば、商品設計の制約が少なくなり、より軽いもの、より容量の大きいもの、荷物の出し入れがしやすいものなど、デザインの可能性が広がるかもしれません。

ひたすら強度を求めることが他社との差別化要素だと思い込んでしまうと、視野を狭め、ユーザーのニーズからも乖離（かいり）するリスクがあります。そのために「品質はよいのに、売れない」状態に陥ってしまうとすれば、非常にもったいないことです。

あるいは、データを見るとユーザーは「スーツケースは頑丈なほうがいい」とわかっているように思えますが、実際には頑丈であることがどれだけ重要なのかを理解していない可能性もあるでしょう。

たとえば、海外旅行中にスーツケースが壊れてしまった場合に被るデメリットが具体的にイメージできれば、頑丈であることがスーツケース選びの決定打になるかもしれません。そう考えると、ユーザーとのコミュニケーションの方法を見直す必要がある、ということになります。

データに頼りすぎないようにすることは、正しい方向性を見極め、プロジェクトをスムーズに進めるうえで大事なポイントといえるでしょう。

クライアントは現状を打破して変化したいという思いを持っていらっしゃることが多いと思います。それだけの熱い思いのある方たちですから、当然、これまでの自社の商品やサービスにだって強い思い入れがあり、そういった思いがあるからこそプロジェクトの推進力も生まれるといえます。

一方で、熱い思いを持っている方は、今までやってきたことに対する思い込みが強くなりがちなことには注意が必要かもしれません。デザイナーとしては、熱い思いを一緒に感じつつ、冷静にデータを見る目を持ち続けていたいと思っています。

■超高速で仕事をすると、情報収集のスピードまで加速する

徹底して情報を収集するというスタイルは、創業当時から変わっていません。しかし、必要な情報を集める速度は、年々速くなっていると感じます。

というのも、昔は必要のない情報も含め、あらゆる情報を集めていたからです。経験したことがないものは、とにかく手当たり次第に知識を身につけていかなければなりませんでした。

先に挙げたエースのスーツケースのプロジェクトでいえば、10年前なら真っ先に店頭でエースや競合他社の製品をすべて手に取って確認し、実際にいくつか買ってきて、他社の製品と使用感を比べてみたりしていたでしょう。

しかし、今はそこまでする必要はなくなってきています。仕事を始めて以降、プロジェ

クト一件ごとに徹底して情報収集をしてきたことが血肉となり、ある程度のことは類推や予測ができるようになっているからです。

たとえば、スーツケースは薄い樹脂のシートを何層か重ね、それを金型でプレスしたものを2つ組み合わせてつくられています。この技術は、以前のプロジェクトで経験したクルマのルーフボックスとよく似ているので、「ルーフボックスが小さくなったようなものかな」と考えれば、そのときの問題点や技術的な制約などの8割くらいは応用できます。スーツケースの素人であっても、「金型を2つつくらずに一つで済ませられればコストは下げられるだろうか」といったように、プロジェクトを進めるうえでどんなポイントに注意すればよいかが見えてくるわけです。

若い頃はフットワークで勝負していましたが、経験を重ねると勘が磨かれ、無駄なパワーを使うことがなくなります。

もちろん今回のプロジェクトでも、イタリアやフランスなどの出張先でスーツケースを扱っているお店を見かければ中に入り、一通り商品をチェックするといった情報収集はしていました。しかし、これも「やっぱり、このメーカーは車輪の部分にはあまり力を入れていないんだな」などというように、自分が予測していたことと、実際の情報にズレがないかどうかを確認する作業という位置づけ。自分が持っている情報の補強や精度向上が目的ですから、ゼロから情報を集めるのと比べ、必要な時間はだいぶ短くて済みます。

年々プロジェクトの数が増えてもスピードを落とすことなく仕事を進められているのは、こうした情報の蓄積がものをいっているように思います。

3 プロジェクトを加速させる打ち合わせのコツ

■その場で答えを絞り込む質問力

通常、最初の打ち合わせにかかる時間は1～2時間程度ですが、実はプロジェクトの勝負は冒頭の30分でほぼ決まっています。

私は、最初の打ち合わせでクライアントから大方の情報をヒアリングすると、その場でアイデアを考え始めます。私の集中力が最も高まる場で、クライアントからの情報提供で発想の素材が集まれば、どんどんアイデアが浮かんでくるのです。

考えたアイデアは、方向性がクライアントの要望に添うものかどうか、技術的な制約やコスト面などから見て実現できる可能性があるか、といったことを、その場でどんどん確認していきます。「こういう方向性はアリですか？」「こんなふうに考えてみるのはどうでしょう」と具体的な質問を投げかけ、クライアントと対話しながら、20〜30程度のアイデアを3〜5つくらいに絞り込むわけです。

たとえばプロテカのスーツケースの場合、ブランドのリニューアルにあたって問題になったのは、現行商品をどうするかということでした。

すでにある商品ラインアップについて、すべてのデザインを一気に変えるというのは現実的ではありません。しかしブランドをリニューアルする以上は、新しいプロテカの製品として何かしら手を加える必要があります。

デザインはそのままにしてブランドロゴを新しいものに貼り替えるというのがオーソドックスな方法ですが、私は「せっかくなので新しいプロテカをもう少し積極的にアピールしたいな」と考えました。

そこで考えたアイデアは、スーツケースの車輪を変え、それを新しいプロテカの「プロテカらしさ」として打ち出そうというもの。車輪であれば、本体とは違って金型などの大幅な投資が不要で、統一規格にすることでむしろコストダウンが図れます。また、スーツケースでは一般に車輪が重要なポイントとは捉えられていないからこそ、車輪で差別化することはブランディングに効果的だと考えました。

しかし、これが実現できそうなアイデアかどうかは、思いついた時点ではわかりませんから、クライアントにいろいろと質問していくことになります。

「スーツケースの車輪というのは、組み立て終わった後で取り替えられるものなんですか？」「車輪の構造はどうなっているんでしょうか。根元からこれを変えることはできますか？」

実際にアイデアを実現した場合のオペレーションをイメージしながら、どこにリスクがありそうか、コストはどれくらいかかりそうか、といったことも、質問しながら感触を確かめていきます。こうして打ち合わせの場でアイデアの実現可能性を確認しておけば、プレゼンのときに「そのアイデアはとても面白いけれど、実現不可能ですね」と言われてしまうことはまずありません。

このケースでは、最終的にはプロテカ全商品の車輪を「静音タイヤ」にし、左下の車輪にだけエンブレムを入れることになりました（写真③）。

クライアントにとって打ち合わせは、現在の課題や要望などを私たちに伝えるとともに、私たちの質問に答える場です。しかし私にとっては、**打ち合わせはクライアントと一緒にアイデアを詰める場**でもあるといえます。

打ち合わせでプロダクトデザインのアイデアが浮かんでくると、私は「たとえばこんな機能がついていたら、お客さまはいいと感じてくれるかもしれないですよね」「競合がこんなデザインなら、もう少しシャープな感じにしたほうが、差がはっきりしていいですね」「つまり、容量が多く見えたほうがいいということでしょうか？」というように、質問しながら方向性を探っていきます。すると、クライアントの中でも「そうか、シャープな感じで容量感があるほうがよさそうだな」というように、漠然とプロジェクトのキーワードが整理されていくのです。

こうしたコミュニケーションがあるため、プレゼンのときクライアントは「打ち合わせのときに頭の中で漠然と思い浮かべていたものが、具体的な形になってポンと目の前に現れた」と感じてくださるわけです。

プレゼンした多くのアイデアがスムーズに採用される理由は、打ち合わせでクライアントの意図をしっかり汲み取っているということだけでなく、その時点でクライアントと方向性を共有しているからということにもあるように思います。

■プロジェクトの時間軸を意識する

今後何をすべきか考えるには、少なくとも過去と現在の状況をきちんと理解していることを前提とし、それを踏まえて「未来をどうしたいのか」を明確にし、どのターゲットにどう働きかければよいのかを考えることが基本です。そのうえでプロジェクトスケジュールを明確にし、具体的かつ実現可能な方法を検討するというステップが必要。これはデザインに限らず、ビジネスにおいて「課題を解決する方法を考える」場面についても、同じことがいえるのではないかと思います。

ですから、**打ち合わせでは、「過去」「現在」「未来」の時間軸を意識して、クライアントから話を聞く**ようにしています。

また、「対象は誰なのか」ということも、打ち合わせで最初に確認したいポイントの一つ。ターゲットによって取るべき対策や具体的な方法は大きく変わるからです。

さらに、このプロジェクトに反対する人や、プロジェクトが完成することで困る人がいるかどうか、その理由も尋ねるようにしています。

もう一つ、プロジェクトの「未来」に関わる話として必ず聞くのが、どのくらいの期間で結果を出したいのか、ということです。短期間で大きな変化をもたらそうとすれば、それだけプロジェクトのリスクは高まります。そのリスクを取れるのかどうかは、最初に確認しておかなくてはなりません。

少なくともこれくらいの情報は把握したうえで、そこから少しずつアイデアを考え始めるのです。

■話を聞くときはバカになる

打ち合わせでクライアントの話を聞くときは、ノーガードでいることを心がけています。

世の中には、デザイナーというのは「こだわりが強い人」で「気軽に相談するのは何となく気が引ける」といったイメージを持つ方が少なくないようです。しかし、私には強いこだわりというものはありませんし、クライアントにはどんな小さな情報でもどんどん話していただきたいと思っています。ですから、いつも「こんなことを聞いて、バカだと思われるだろうなぁ」と思いながらも、わからないことは何でも「知らないので、教えてください」とお願いするようにしています。

そもそも、クライアントのほうが私より知識があるのは当たり前です。ずっと自社の商品やサービスについて考え続けてきた方々ですから、それを教えていただくというスタンスで臨まなければ、相手から詳しい情報を聞き出すのはなかなか難しいと思います。

知識を共有させていただかなければ絶対によいものはできませんから、わからないことは素直に聞くこと、「決めつけない」こと、「わかったふりをしない」ことが大切ではないかと思うのです。

一生懸命に質問すれば、たいていの場合、クライアントは熱心にいろいろと教えてくださるものです。そして、私が夢中になって「いやぁ、面白いですね」と話を聞いていると、不思議と一体感も生まれます。するとそこからさらに話が深まり、業界の裏話が聞けたり、それがまたアイデアや発想に活かされたり……という好循環が生まれます。

もう一つ、打ち合わせでは**相手が「これは当たり前のことだから、あえて言う必要はない」と思っていることこそ、深く突っ込んで聞く**ようにしています。

実は、クライアントが「ここがウリです」「面白いのはここです」という部分は、ユーザーから見るとそんなに魅力的ではない場合が少なくありません。ものすごく特殊な技術や珍しいものというのは、特殊であったり珍しかったりする以外にあまりいいところがなかったりします。

一方、「まぁ、これはわざわざお話しするほどのことでもないのですが……」という言葉の後には、思わず「それは面白いですね」と身を乗り出すような話を聞けることが多いもの。企業や業界の常識からすると、すっかり普通になっていることが、外部から見ると新鮮であったり価値があったりということがあるのです。

私は、そもそも世の中には「普通」のものなんてないのではないかと思っています。「普通」といわれるものは、みんなが普通だと思っているから普通なのであって、ちょっと見方を変えれば十分に価値を見いだせるもの。そういうところに、実は掘り出し物のアイデアがあったりします。

回転寿司チェーンを展開している、あきんどスシローから「都内で回転しない寿司店をつくりたい」という相談を受けたときのことです。

最初のお話では、おいしくて安い寿司を提供できることを活かしながら店舗をデザインしつつ、感度の高い消費者にも来てもらえるような店をつくりたいというご要望でした。しかし、多くの寿司店がしのぎを削る中、安くておいしくてお店がきれいというだけで差別化するのは簡単ではありません。

そこで私がスシローの強みとして注目したのは、回転寿司で培ったシステムでした。短時間でどんなオーダーにも対応できるオペレーション能力は、スシローにとっては当たり前であっても、普通の寿司店とは一線を画すものだったのです。

このオペレーション能力を魅力として打ち出すにはどうするかと考えたときに思いついたのが、「カスタマイズ」というキーワード。

お寿司は、さび抜きにしたりシャリを小さくしたりネタの味つけを変えたりと、カスタマイズしながら楽しめるものです。しかし、これができるのはカウンター席しかないような規模の小さい寿司店や、職人さんがたくさんいるお店です。テーブルがいくつもあるようなお店を少人数で回しながらカスタマイズに細かく対応するのは、通常は難しいでしょう。

それが、スシローのシステムを活かせば、すべてのテーブルのお客さんのカスタマイズにスムーズに対応可能なのです。

「徹底してカスタマイズに対応し、わがままに応える寿司店」なら、スシローの強みが十分に活かせ、ほかの寿司店にない魅力が出せそうです。カスタマイズのオーダーには、スシローがすでに開発済みのタブレットを使ったシステムも活用できます。

ここを起点に、「わがままに応えてくれる」というコンセプトに合わせ、「女性一人でも入れる寿司店に」「女性向けにご飯の量を少なくして、たくさんの種類をつまめるように」といった方針を決め、店名も「ツマミグイ」としました。「一人ひとりのわがままに応える」ということから、普通のテーブル席だけでなくカウンター席やソファの席など椅子もいくつかの種類を用意。さらに、ビュッフェのようなコーナーをつくり、好きな料理を取ってつまみながら寿司を待てるようにすることも提案しました（写真④）。

「ツマミグイ」は、2015年1月、東京・中目黒に1号店がオープン。メディアで取り上げていただいて話題になり、その後も赤坂、新橋と順調に新店舗を展開しています。

これまで多くのプロジェクトを経験してきたことから感じるのは、「真剣に仕事をしている人ほど、自分のよさがどこにあるのか気づきづらいものだ」ということ。

当たり前にやっていることが実は大きな強みであることが多く、そこに目をつけて引き出すのもデザイナーの仕事の一つだと思っています。

その意味では、デザイナーには経営コンサルタントのような役割も求められているといえるでしょう。店舗デザインの依頼があったとき、その部分だけを恰好よく仕上げればいいというスタンスでは、結果を出すことはできません。

スシローのプロジェクトでは、最初にスシローの強みを活かしたコンセプトをつくり、そこから派生した店舗デザインや行き届きづらいサービスをパッケージにしたことに意味があるのです。

強みを最大限に引き出せば、結果につながりやすいことはいうまでもありません。結果が出れば関わっている人たちが自信を持つことができ、モチベーションも高まるという好循環が生まれるのです。

■空気を読まず、どんどん「地雷」を踏む

打ち合わせのときは、よい意味で空気を読まず、どんどん「地雷」を踏んでいくことも

私の役割だと思っています。

打ち合わせでクライアント企業の方たちとお話をしていると、だんだんと社内の状況や人間関係が見えてくることも少なくありません。一つの会社の中にも、営業担当の方や商品開発の方、大きな会社なら社内デザイナーの方がいらっしゃることもありますし、そこに上司・部下という関係もからんできますから、全員の意見が完全に一致していることはまずないといってもいいでしょう。

「社内デザイナーの方が長年やりたいと温めているアイデアがあるのに、それが他部署の意向でこれまで実現できなかったんだな」

「トップがやりたいと思っていることが、現場にしっかり伝わっていないみたいだな」

こうした微妙な空気を感じ取れるような場面では、クライアント企業の方たちの間に「思っていることを口にできない雰囲気」が漂います。そんなときは、私が社内デザイナーの方が考えていそうなことを代弁したり、トップの方の考えを整理してかみ砕いてお伝えしたりするのです。

このような役回りは、コンサルタントの業務に似ているといわれることがあります。

一般に、経営コンサルタントといわれる人たちは、企業の現状を分析し、課題を見つけ、解決策を提示してその実行までをサポートするというのが業務だと思いますが、実際には、すでに課題がわかっている場面でやってきて、外部の人間だからこそできる「耳が痛い話」をしたり、課題についてよりわかりやすく分析して、社内の人たちに伝えたりするために呼ばれることもあるといいます。

私がやっているのも同じようなことなのかもしれません。その場にいる方たちが避けていそうな話題を持ち出して「こういうアイデアもいいかもしれませんね」と言ってみるなど、**空気を読まずにあえて「地雷」を踏むと、胸のつかえが下りたように皆さんがいろいろな話を聞かせてくださったりする**のです。

スムーズにプロジェクトを進めるには、時にはクライアント企業内のコミュニケーションの間に入り、潤滑油の役割を果たすことも必要ではないかと思っています。

■「時間感覚」の把握がプロジェクトのスピードを上げる

仕事のスピードを上げようと考えると、自分の仕事の処理速度を上げることに目が向きがちなものかもしれません。しかし**自分だけが仕事を手早く片づけたところで、プロジェ**

クト全体がスピーディーに進まなければ、あまり意味はないように思います。

ですから、私がプロジェクトの速度を上げるためのポイントとしていつも意識するのは、「打ち合わせの場で、全体の流れや時間感覚を把握すること」です。

プロジェクトは多くの人が関わって進んでいきます。クライアントによって、デザインに必要な情報の提供や意思決定などの速度感は異なりますし、ネンド側で担当するデザイナーの速度感も人によって違いがあるものです。そのことを意識し、打ち合わせの際に「この部分をあのメンバーに任せたらこれくらいの時間が必要かな」などと予測しておくわけです。

この考え方は、受験のときの試験問題の解き方に少し似ているかもしれません。問題用紙を開き、何も考えずに1問目から解くと、「最初に難しい問題に取りかかってしまって、結局、1問も解けなかった」ということになりかねません。少しでも高い点数を取るためには、まずすべての問題に目を通し、時間がかかりそうな問題とすぐに解けそうな問題を見極めて何から手をつけるか戦略を立てて臨むことが必要でしょう。

プロジェクトを進める場合も、まず全体を見渡して必要な作業を確認し、それにかかる時間を読む力をつけること、そしてその精度を高めていくことが、仕事のスピードアップ

につながるのではないかと思います。

「時間感覚の把握」がより正しくできるようになるには、物事を何でも「時間」というフィルターを通して見てみるのがお勧めです。

ビジネスの場では「いくらお金がかかったか」に目が向きがちで、「どれくらい時間がかかったか」を同じレベルで常に考えている人は多くないかもしれませんが、たとえば新しい商品やサービスに出合ったとき、「このアイデアを考えるのにどれくらいの時間が必要だったのか」「実現するまでにかかった時間は？」といったことに注意を向けてみてください。そうやって時間感覚を磨くことが、自分がそれと似たプロジェクトに関わる場面で、より精度の高い戦略を立てることにつながっていくのです。

4 一瞬で「正解」を導く方法

■「時間をかけるほどアイデアはよくなる」は間違い

「丸1週間、考えに考え抜いたアイデアを持ってきました！」

もしそう言われたら、多くの人はうれしく思うでしょう。「きっとよいアイデアを持ってきてくれたに違いない」とワクワクすると思います。しかし、本当にその考え方は正しいのでしょうか？

仕事に時間をかけると、「一生懸命やってくれた」「熱心に対応してくれた」などと評価されることも多いもの。確かに、ものづくりのプロセス全体についていえば、時間や手間をかければかけるほど、質は高まると思います。

しかしアイデアを考えることに関していえば、時間をかけることにはまったく意味がない、と私は思っています。

アイデアの発想は、たとえていえば算数の問題を解くようなものです。1週間かけて解いても5分で解いても答えが同じなら、5分で解いたほうがいいに決まっています。かけた時間によって、答えの質が変わるわけではありません。

ものづくりのプロセス全体に戻って考えると、試作品をつくる回数を増やしてさまざまな面からじっくり検証したり、職人さんが時間をかけて仕上げたりすれば、その分だけ商品の質は高まります。仮にプロジェクトの期間が20日間あったとして、アイデアの発想に1週間かかったら、試作や仕上げにかけられる時間は残り13日しかありません。一方、5分でアイデアを思いつけば、19日と23時間55分をあてられることになります。

プロジェクトの結果を求めるなら、アイデアはできるだけスピーディーに出したほうがいいのです。「仕事に時間をかけることは尊い」という考えはバッサリと切り捨て、常に**「この仕事は時間をかけることによって質が高まるものかどうか」ということを意識する**視点を持っておくことが重要だと思います。

アイデアは、私にとってお寿司のようなものなのです。ずっと握り続けていると自分の

「体温」が移ってしまい、最初に思いついたアイデアに、不要な「自分らしさ」を入れたくなってきます。ですから、アイデアは長々と考えずに、思いついたらできるだけ早く思考回路の外に出し、「保存して終了」するようにしています。

ちなみに、アイデアの発想に時間をかけないとはいっても、時間を置いて改めて考えてみるのは「アリ」です。私も、最初に考えたアイデアを2～3日寝かせてからプレゼンの準備に入ることがよくあります。

これは、気分が盛り上がって考えた最初のアイデアを冷静に見直すためです。

面白いアイデアを思いつくと、どんどん楽しくなって、少し舞い上がってしまうことがあります。皆さんもご経験があるかもしれませんが、夜中に一人でメールを書いていると、どんどん情熱的になってしまったりするものです。

しかし、こうしたメールを朝に読み直すと「ちょっと盛り上がって熱くなりすぎたかな」と感じるもの。夜のうちに送信するのは、ちょっと危険なのです。

フル回転中の頭で考えたアイデアは、「深夜のメール」のようなものともいえます。一度、頭を冷やして客観的に見る機会をつくったほうがいいと思います。

■「依頼内容＝ゴール」ではない

先ほど、プロジェクトでは早い段階でゴールを明確化することが重要だというお話をしました。ここでは「正しいゴール設定」について少しご説明しておきたいと思います。

「ゴールだ」と思っていたものがまったく違ったものだったと後で気づけば、そこからルートを修正しなければなりませんから、結果的には遠回りすることになってしまいます。ですから私は、打ち合わせのときに必ず、「皆が納得し、本当の意味でハッピーになれる正しいゴール」を見つけ出そうと心がけています。それは新しい世界観であったり、プロジェクトによって変化したクライアント企業の様子であったりします。そして、思い描いた「こんなふうになったらいいな」というイメージからアイデアを考えるのです。

プロジェクトのゴールをデザイナーが自分の頭の中でイメージすることが大切なのは、クライアントの要望が、必ずしもクライアントが抱えている課題の解決策（ゴール）になっているとは限らないからです。

たとえば、クライアントから「会社のイメージを刷新したいから、ウチの商品をデザインしてほしい」という要望があったとします。この場合、依頼された商品をデザインすることによって企業イメージが本当に刷新できるのか、そもそもなぜイメージを変えたいのか、どう変えたいのか、といったことを確認する必要があります。

クライアントとの対話によって「会社をどんなふうにしたいと思っているのか」が見えてくれば、それが私の頭の中でプロジェクトのゴールとして設定されます。そのゴールを思い描いた結果、商品デザインよりも優先してやるべきことを思いついたら、それを提案するのです。

ネンドでは、最初にクライアントから持ち込まれた要望とプロジェクトの中身がまったく違うものになることが少なくありません。商品デザインを依頼されたのに企業ロゴのデザインをすることになったり、商品パッケージのデザインをしてほしいと言われたのに、今後の商品展開案や販売方法まで提案したり。

こうしたことが起こるのは、**常に「未来のゴールはどこか」を意識し、クライアントと一緒にそこに向かって走ることが重要**だと信じているからだと思います。

日用雑貨メーカーのエステーから「自動でシュパッと消臭プラグ」という商品のリニューアルを依頼されたときのことです（写真⑤）。

最初にいただいたのは、「内部構造を変更する予算や時間はないので、外側だけデザインしてほしい」というご要望でした。私も「わかりました」とお受けしたのですが、「日常生活におけるデザイン意識の底上げをしたい」という思いなどを伺ううちに、「本当に内部は手を入れられないのだろうか」と考え始めたのです。

そこで、コストやスケジュールを確認したうえで内部を調べてみると、不要な歯車が入っていたり、スイッチと基板の間の距離が長く配線に無駄があったりと、改善できそうなポイントが見つかりました。構成部品や配置を一つひとつ見直していき、最終的には25％のスリム化とコストダウンを実現。その後、「自動でシュパッと消臭プラグ」は好調な販売実績を挙げています。

もし、最初にお話しいただいた「内部構造はそのままで」というご要望通りにプロジェクトを進めていたら、商品のスリム化はできませんでした。その場合、ヒットには至らなかったかもしれないとも思います。

もう一つ、例を挙げましょう。

カンペール（Camper）という靴ブランドのショップのデザインを手がけたとき、最初にクライアントから出された条件は「靴を100足、ディスプレイできるようにしてください」というものでした。

そこで「わかりました」と言って100足分の棚をつくるのは簡単です。しかし、私はそこで「左右がそろっていないと駄目ですか？」と聞きました。

片足分だけ置けばいいのであれば、必要なスペースは半減しますから、デザインの自由度は大きく変わります。

「中には左右がそろっていないとイメージがわかりにくい靴もあるんですよね」

「それでは、たとえば靴を置く場所に鏡があって、片足分が映り込むことで左右そろっているように見えれば問題ないですか？」

こんなふうにコミュニケーションを重ねていくことで、クライアントが望むお店を実現するために、どこまでは自由にしてよいのか、一線を守らなければならないポイントは何なのかが見えてきます。これが、「ゴールの方向を確認する」作業です。

最終的には「100足分の棚がなくてもいい」ということになり、一部を天井から吊り下げて展示。靴が浮遊しながら自由に空間内を歩き回っているようなお店になりました（写真⑥）。カンペールらしい、「靴を履いて歩くことの楽しみ」が感じられるデザインになったのではないかと思っています。その後、靴が「浮遊」するショップは、パリに続き、サンフランシスコと新宿にもオープンしました。

なお、ここまでゴールを明確にすることの重要性をご説明してきましたが、**ゴールは必ずしも一つの「点」ではなく、ある程度の「幅」があるものである**、と認識しておいたほうがよいでしょう。

プロジェクトを進めていけば、途中でトラブルが起き、当初目指した通りのデザインが実現できなくなってしまうこともあるものです。そのような場合は、ゴールの幅の範囲内で落としどころをさぐり、修正していく必要があります。

このようにいうと「妥協するのか」と思われるかもしれませんが、本質的なゴールを最初に設定できていれば、その「幅」から外れないギリギリのラインを追求することができます。

「この機能をそぎ落としても、目指すレベルの商品はできますね」

「これ以上サイズを大きくしたら、ユーザーに私たちのメッセージがまったく伝わらなくなります。他社製品と比べても競争力がなくなるので、ここは何とか大きくしなくて済む方法を一緒に考えましょう」

トラブルがあっても正しい方向を見失わず、目指す地点に到達できるのは、最初に「幅」を持たせてゴールを設定しているからだといってもいいかもしれません。

■アイデアは「思いつく」のではなく、「考えつく」もの

「たくさんアイデアを考えるのは大変ですよね」

「どうすればアイデアがひらめくんですか?」

「アイデアが降ってくるのはどんなときですか?」

こんなふうに言われたり尋ねられたりすることが多いのですが、私はアイデアを考えるのが大変だと思ったことはありません。アイデアが「ひらめく」ことはありませんし、アイデアが勝手に「降ってきた」という経験も持っていません。

アイデアは「思いつく」ものではなく、ロジカルに「考えつく」もの、という感覚です。

アイデアを発想するときは、クライアントの抱える課題や目指すものからスタートし、最終的に解決策としてどんな提案をすべきか、筋道を立てて考えています。

このときによく使う方法の一つは、「近しいものは何か」「応用できる事例はないか」と考えてみることです。

スーツケースブランド「プロテカ」のリニューアルプロジェクトをお受けしたとき、私にはスーツケースをデザインした経験はありませんでした。スーツケースについては何も知らなかったのです。

そこでまず、「スーツケースと位置づけが似ているものは何か」と考えてみて、クルマはわりと似ているのではないかと気づきました。統一されたグランドデザインのうえにさまざまな種類があるところや、車輪がついた、物を運ぶためのものであることは、スーツケースとクルマの共通項といっていいでしょう。耐久性があることも共通項だと見てよさそうです。

では、スーツケースとクルマの違いは何か――そう考えると、クルマには必ずエンブレムが入っていることに気づきます。一方スーツケースの場合、プロテカはもちろん、リモワやサムソナイトといった海外ブランドの商品も、統一したフォーマットでエンブレムを入れていません。

スーツケースはパッと見たときに、あまりブランドの違いがわからない商品ですが、「わかりやすく差別化するなら、エンブレムをつけるという手はあるな」と思いました。

また、商品ごとの特徴の違いをどうわかりやすくカタログやウェブサイトで紹介して、購入を検討している方にほしい商品を早く見つけてもらえるかを考えたとき発想したのが、「コンセプトに合った漢字を一字あて、それを象徴的に打ち出していく」というアイデアです。「軽い」「車輪が静か」など商品別の特徴を「軽」「静」などで表現することで、ユーザーにメッセージが直感的に伝わります。

さらに、自ずと商品開発時にコンセプトを強く意識するようになりますから、特徴の似た商品ラインアップが増えてしまうことも防げるでしょう。


アイデアを考える際は、「違和感に目を向ける」ことがヒントになる場合も少なくありません。

ロッテから「フリスクやミンティアのような清涼菓子のパッケージをデザインしてほしい」という依頼があったときのことです。いくつかパッケージのアイデアをまとめるうちに「女性が持ち歩きたくないようなもの」と考えたときに気になったのが、既存商品の多くが樹脂のケースや缶に入っていて、持ち歩くとカチャカチャ音がすることでした。私は、あの音に違和感を覚えていたのです。

女性が持ち歩いている場面を考えると、あまりカチャカチャ音がしないほうがスマートだろうと思いました。そこで考えたのが、女性が当たり前に持っているものをモチーフにしてチューブ型のパッケージにすること。

チューブ型なら樹脂のケースや缶より音が出にくく、店頭やお菓子売り場に並んだときにも目を引きます。ハンドクリームのような形なら、女性がなじみやすく、持ち歩くのも抵抗がないと考えたわけです。また、まったく新しい形のパッケージをデザインすると製造ラインを新たに設計する必要がありますが、チューブ型ならすでに存在する製造ラインを活用できますから、実現のハードルはそう高くないだろうと判断しました。

このパッケージを提案したところ、「女性向けに思い切り大胆な製品にしたい」という声が上がり、チューブ型ケース入りのキャンディをつくることになって誕生したのが「Bｃａｎ（ビーキャン）」（写真⑦）。名前は「美」をBにかけ、「ｃａｎ」はキャンディから採ったもので、ネーミングも私が提案しました。ヒアルロン酸を配合し、「美系キャンディ」として北海道で先行販売したところ人気商品となり、全国で発売することも決まっています。

このように、過去のプロジェクトで身につけた知識やふだんの生活の中で覚えるちょっとした違和感を、目の前の課題とリンクさせていくことで、それがアイデアに発展することはよくあるもの。アイデアを発想するには、数多くのプロジェクトを経験することや、日常の中でのちょっとした気づきを意識することが重要だと思っています。

■アイデアを「部分」から考える

アイデアを生む技術として、私がよく使う方法の一つに「できるだけ課題を細かく分割する」というものがあります。

プロジェクトで解決すべき課題は、多くの場合、一つではありません。しかし、複数の課題を一気に解決できるアイデアを考えようとするのは難しいもの。そこで、まず課題を分割し、「一つの課題だけを解決するならどうするか」を考えてみるわけです。

たとえばネンドでは２０１５年に総合重工業メーカーＩＨＩのブランディングを手がけたのですが、このプロジェクトの場合、大きな目的はＩＨＩという企業名の認知度向上にありました。２００７年、旧社名「石川島播磨重工業」からＩＨＩに社名を変更した後、なかなか認知度が高まらないという問題があったのです。

ＩＨＩはエネルギー、社会インフラ、産業機械、航空・宇宙などを事業基盤としており、私たちの生活をさまざまな形で支えてくれている企業ですが、もともとＢ ｔｏ Ｂ（企業間取引）の会社の場合、どんなビジネスをしているのかが一般消費者の目に触れにくいという事情があります。

歴史ある会社であるにもかかわらず、たとえば就職活動でＩＨＩに内定した学生が、親や祖父母から「そこはどんな会社なの？　ＩＴ企業？」などと心配されてしまうといったことも起きていたようです。

ＩＨＩのブランド力向上は、ＩＲ（広報活動）や人材採用、あるいはそこで働く人の意識を高めるという観点から、喫緊の課題になっていました。

当初、ＩＨＩの担当者の方は、ロゴを刷新するという提案を私がするのではないかと想像されていたようです。ＩＨＩのロゴは建設に使われる「Ｉ形鋼」や「Ｈ形鋼」をイメージしたもので、重厚感を感じさせる印象がありました。一方で、明るさや若々しさ、チャレンジ精神や柔軟性といった企業イメージを打ち出したいという思いがあり、自ずと現状のロゴとは異なるビジュアルを期待したのではないかと思います。

ここで、「社員や株主、就職活動中の学生とその親や祖父母、取引先など、ＩＨＩを取り巻くすべての人のイメージが向上するようなブランディングのアイデア」を考えようとすると、なかなか「これだ」というものを考え出すのは難しいもの。そこでこのような場合、「就職活動で応募してくる学生目線ではどうか」「学生の親目線なら？」「各事業部で働いている人やその家族は、ＩＨＩがどう見られたらうれしいのか」「今のロゴと別のものを考えたらどうなるか」「今のロゴを活かすなら何ができるか」「ロゴは今のままで色を変えたらどうか」というように課題を分割し、あえて「局地戦」に持ち込むのです。

課題を分割して「部分解」を出すことに徹すると、アイデアはぐっと考えやすくなります。もちろん、このアプローチだと「課題Ａは解決するけれど、課題ＢやＣは解決できないアイデア」も出てきますが、それでもよしとして、いくつも「解」を考えていきます。

するると、「一粒で二度おいしい」解、ドミノ倒しのようにすべての課題が解決されるようなアイデアにたどり着くことがあるのです。

　ＩＨＩの広告戦略として考えたのは、企業ロゴの「ＩＨＩ」という文字のみを使ったビジュアルでした。ロゴが鋼材をイメージしていることから着想し、建築物を組み立てていくかのように、「ＩＨＩ」の文字で「ビルが立ち並ぶ都市空間」「海の上をつなぐ橋」「飛行機が飛び交う空」などの景色を描き、「世の中がＩＨＩでできている」ことを表現したのです（**写真⑧**）。

　このビジュアルはＩＨＩの技術や素材がどんなところに使われているのかがひと目でわかるだけでなく、新規性も表現されていて、かなりインパクトがあったようです。会社に「あの広告はいい」という電話がたくさんかかってきたり、女子高生が駅に貼ったＩＨＩのポスターの写真を撮っていったりといった反響があり、広告電通賞の新聞広告部門ではグランプリも受賞しました。

　実は、このアイデアにはほかにもメリットがありました。

ＩＨＩの事業を紹介する場合、たとえば航空エンジンにフォーカスして飛行機のイメージを打ち出すと、そのほかの幅広い事業について伝えることができなくなり、ほかの事業部で働く人は「ウチのこともアピールしてくれればいいのに……」と残念に感じるかもしれません。また、飛行機そのものをつくっているわけではないので、飛行機の写真をそのまま使うことは正しいブランドイメージの構築になりにくいと考えられますし、仮に写真を使おうとすれば、飛行機そのものは自社製品ではないので飛行機メーカーとの調整も必要になるでしょう。

「ロゴを使って景色を描く」というアイデアは、すべての事業に光を当てることができるうえ、ビジュアルとそれに添えた「暮らしの進化は、ＩＨＩでできている。」「１００年の安全は、ＩＨＩでできている。」「空の自由は、ＩＨＩでできている。」といった一文で、ＩＨＩが社会に提供している価値をダイレクトに伝えることができます。それに加えてほかの会社との調整も不要ということで、関わった人みんなが喜ぶ結果になったのでした。

もし、最初からこうした条件をすべてクリアするアイデアを考えようとしていたら、このビジュアルにはたどり着かなかったかもしれません。「今のロゴを活かしたらどうか」

という切り口に絞って得た「解」が、結果的にさまざまな課題を一気に解決してくれるこ
とになりました。

タグ・ホイヤーの時計のデザインも、「部分から考える」というアプローチから生まれ
ました（写真⑨）。

時計のデザインというのは、文字盤や文字盤上の数字、ベルト、竜頭（りゅうず）、針など構成要素
が多く、なかなか難しいものです。そこで私は、まずパーツごとに分けて考えてみること
にしました。そして「文字盤だけ変えるなら」「ベルトの部分を考えるなら？」といった
ように考えていくうちに、「針だけを変えるのが面白いかもしれない」と思いついたので
す。いかにもメカニカルなダイバーズウォッチに赤いアンティーク調の針をつけると、
ぐっと大人っぽいデザインになりました。

時計をデザインする場合、よくあるのは文字盤やベルトを変えるアプローチだそうで、
タグ・ホイヤーの担当の方からは当初「針は変えたことがないんですが……」と言われま
した。針の重さがムーブメントに影響することも考えられるので、針を変えるという発想
そのものが生まれにくかったのかもしれません。しかしチャレンジしてみたところ特に問

題ないことがわかり、デザインそのものだけでなく、「針を変えるのも選択肢」という新たな発見を喜んでいただくことができました。

「部分から考える」ことをスピードという観点で見た場合、「まとまった時間がなくても課題に取り組める」ことが私にとって大きなメリットになっています。

スケジュールが詰まってくると、まとまった時間を取ってじっくりアイデアを考えるのが難しくなることもあるものです。そのようなとき、3~5分ほどで考えられる状態まで課題を分割しておくと、すきま時間でアイデアを出していくことができます。そうやって1週間ほどの間にちょこちょこ考えて、週末になってみると「意外に全体的に考えられている」ということはよくあります。

課題を分割して一つずつ考えていく方法はアイデアが生まれやすいだけでなく、結果的にいろいろな角度から一つのものを分析することになるので、よい結果につながりやすいのではないかとも感じています。

■すでにあるものを転用する

プロジェクト全体にかかる時間を短縮するという点で有効なのが、「すでにあるものを転用する」という考え方です。これはコストを抑える効果があることも多く、ネンドではよく活用している方法だと思います。

たとえばメガネトップの場合、当初の依頼は、グループの店舗「眼鏡市場」で取り扱う新しいコレクションをデザインしてほしいというものでした。

せっかくのプロジェクトですから、「見た目だけを変えるのではなく、新しい考え方や機能性を提案できるような商品にしたい」というのがプロジェクトチームの共通認識でしたが、まったくゼロの状態から新商品をつくるとなればそれなりに長い時間が必要です。「できれば早いタイミングで投入したい」というご要望もあったので、まずはメガネトップの技術をすべて見せてもらうことにしました。

レンズメーカーやヒンジ部分のねじをつくっている工場、鼻パッドをつくる工場などをくまなく見せてもらい、工場の方々にヒアリングする中で出てきたのが、「ゼログラ」シリーズについてのアイデアです。

ゼログラは、超軽量・超弾性の素材を使った、蝶番（ちょうつがい）のない眼鏡。素材の弾性を活かして顔にフィットさせるので、軽いだけでなく付け心地が非常によいという特徴があります。

ただ、ゼログラには一つ、大きな課題が残っていました。蝶番がなく畳むことができないので、専用の眼鏡ケースはしまったゼログラをゴムで押さえる仕組みになっていて扱いが少々面倒なうえ、サイズも非常に大きいのです。眼鏡は日常的に使うものですから、しまいにくいという欠点はせっかくのゼログラの魅力を半減させてしまっていました。

メガネトップの方には「ゼログラを何とかするのは難しいと思いますよ」と言われましたが、私はゼログラに可能性を感じました。そこで、ゼログラの欠点である「畳めないこと」を活かすという課題を設定して考えてみることにしたのです。

そして生まれたのが、まずゼログラ用の眼鏡スタンドとケース。

眼鏡スタンドは、石ころのような形の台にスリットを入れた、ごくシンプルなものです。ゼログラの高い弾性を活かし、スリット部分に眼鏡の両端を差し込むことで、ほかの部分を支えなくても自立するようにしました。

ケースは、樹脂製でリング状のものをデザインしました。リングの内側にゼログラをはめると、その弾性でリングにぴたりと固定される仕組みです。今までにない形が面白いだけでなく、蓋がないのでしまうのは簡単。ヒンジや磁石の留め具が要らないので、コストも下げられます。

このほか、「畳めるゼログラ」も考えました。つる部分とレンズ部分のつなぎ目の一部を逆向きにしたのです。こうすると、外したときに逆向きにした部分の弾性によって自然に畳まれるので便利ですし、肝心のフィット感や軽さといったかけ心地は変わりません。

このように、**「すでにあるものをうまく転用する」というのは、特にブランドが確立されているケースで活用しやすい発想法**といえるでしょう。

もう一つ、「転用」という考え方を使った例として挙げられるのが、フランスの老舗クリスタルメーカー、バカラのチェスセットです（写真⑩）。

チェスセットをデザインしてほしいという依頼を受けて最初に考えたのは、駒の区別がつけばどんな形でもいいのではないかということ。そこでバカラの定番グラス「アルクール」を転用、グラスの一部を切り取ることで、キングの王冠やクイーンのローブの襟、僧侶の帽子などチェスに用いられる6種類の駒を表しました。

このデザインは、定番商品を活用することで「バカラらしさ」を前面に出すことができ、大変喜ばれました。そのうえ、新しい金型をつくる必要がないので商品開発が短時間で済み、コストも抑えられるというメリットもありました。

これまでたくさんのクライアントとプロジェクトを進めてきて感じるのは、日本のメーカーは「ゼロから何かをつくりださなければ新しいものは生まれない」「まったく新しい商品をつくるようなプロジェクトでなければ、依頼するデザイナーに失礼」と思っている節があるのではないかということです。

確かに、既存商品を「新シーズン向け」などとして色や質感だけ変えるといった方法では、商品やブランドを活気づかせることはできないかもしれません。しかし、本質的な価値や技術をうまく転用することが大変効果的な場面は少なくありませんし、実際、これは世界で認められている手段だという気がします。

■整理しすぎず、「もやもや感」を残す

物や情報をきちんと整理している人というのは、仕事もきちんと進めていそうなイメージがあります。しかし、「整理すること」と「仕事のスピードやクオリティ」がリンクしているかといえば、必ずしもそうではない気がします。これは、物や情報の分類を決めて整理してしまうと、別のカテゴリーで活用されにくくなるという弊害があるからです。

たとえばデザインの仕事の場合、アイデアを「これはプロダクトデザイン」「これは建築」「これはキャラクターデザイン」というように分類すると、「プロダクトデザイン」で思いついたことをキャラクターデザインに応用する」といったようなジャンルを飛び越えたアイデアは出にくくなるでしょう。私は、情報を几帳面に整理すればするほど、融通が利かなくなってしまうように感じます。**柔軟にアイデアを考えるには、「物や情報を整理しすぎない」ことも大切**なのです。

この「物や情報を整理しすぎない」という考え方は、そのままネンドのデザインに表れ

ることもあります。

一般論として、デザインにおいては、「情報を整理してスパッと白黒をつける」ようなものほどインパクトを出しやすいように思います。しかし、あえて「整理しすぎない」「ややグレーにして、もやもや感を残す」ことを意識すると、インパクトだけでなく、持続力のある飽きのこない表現ができる場合もあります。

この考え方をベースにしたデザインとして挙げられるのは、セブン&アイ・ホールディングス「オムニ7」のロゴ。

セブン&アイ・ホールディングスが力を入れる「オムニチャネル」は、リアル店舗とインターネットを融合させ、いつでも都合のよいときに都合のよい方法で商品やサービスを利用できるようにするというものです。グループ内のセブン-イレブンやイトーヨーカドー、西武・そごう、LoFt、アカチャンホンポなどが、同じプラットフォーム上で商品販売や、共同で商品を開発したりもしていきます。

グループ全体をつないでいくわけですから、「オムニ7」では、それぞれのロゴにも統一感を出すことが必要です。たとえばセブン-イレブンの赤・オレンジ・緑を使ったロゴや西武・そごうのブルーのロゴ、LoFtの黄色地に黒文字のロゴなどがウェブサイト上やリアル店舗で一カ所に並べば、カオスになってしまうでしょう。

それぞれのロゴを活かしつつ統一感を出すには、ロゴに何か新しいルールを設けることになります。おそらく、「情報を整理して白黒をつける」ようなわかりやすさを目指すなら、各社のロゴの色を統一してしまう、といったルールになるのではないかと思います。

しかし私は、「情報を整理しすぎたら、その瞬間に何か大事なものが失われてしまいそうだ」と感じていました。ＬｏＦｔにはＬｏＦｔの、西武・そごうには西武・そごうの世界観があり、そこに魅力を感じているお客さまがいます。ですから、セブン&アイ・ホールディングスの色にすっかり染めてしまうのではなく、**「あえてグレーにしてもやもや感を残す」ことを考え、それぞれのアイデンティティを活かす**方法を選びたいと思ったのです。

考えたのは、まずロゴをモノクロにすることです。しかし、企業イメージに直結するロゴのカラーを完全になくしてしまっては、それぞれのアイデンティティが損なわれてしまいます。そこで、ロゴの隣にドット状のカラーチップを並べることにしました。つまり、元のロゴを「モノクロの形」と「ドットで表すカラー」に分解したのです（写真⑪）。

こうしてロゴの要素を分解することで、一カ所にすべてのロゴが並んだときの統一感を持たせることができたのではないかと思います。また、これなら単独でロゴを見たときにも、その会社らしさを感じられるでしょう。

■「できない」と言わない

デザインしたものを商品化する過程では、実際の製造を担う職人さんや工場の方のお力をお借りすることになります。たくさんの方々とおつきあいしてきて思うのは、優秀な職人さんほど、「できません」とは言わないということです。

もちろん、最初にこちらからお願いした通りにつくるのが難しいことはよくあります。そのような場面では、通常、「ウチの機械ではここのカーブは出せないから、この通りにつくるのは無理ですね」といった話をされることが多いもの。しかし、優秀な職人さんはすぐに「無理です」とは言いません。「ここをカーブにしているのは、柔らかい印象にしたいからですか?」といった質問をしてくれます。そうやってデザインの意図を理解したうえで、「それならこんなやり方ではどうですか」などと最終目的をクリアできる別の案を一緒に考えてくれるのです。

こうしたやりとりをしていると、私は「自分がクライアントに向き合う姿勢も、こんな感じに近いのかもしれないな」と思うことがあります。


仕事を始めた頃は、実績もなかったので、持ち込まれるプロジェクトは条件のよくないものばかりでした。

たとえば、創業間もない頃に手がけたフレンチレストランのデザインは、予算がかなり少ないという制約がありました。住居を改装して内装、外装、家具、厨房のデザインまでやってほしいという依頼だったのですが、元の住居の内装を取り壊すだけでも予算の半分が吹き飛んでしまう状況。そこに厨房機器を入れたら、それでもう予算が底をついてしまいます。

そこで考えたのが、安いキャンバス地を買ってきて建物全体を包んでしまうというアイデア。200メートルほどのキャンバス地を買い、外壁、内壁、テーブルや椅子もすべてキャンバス地で包んだのです。余った布でショップカードやDMまでつくり、お店の名前も「canvas」としてオープンしました（写真⑫）。

同じ頃にお受けした、アートギャラリーをつくるプロジェクトも条件はかなり厳しいものでした。スペースが、4畳半しかなかったのです。

アートギャラリーなのに、アートを展示するための壁が足りないわけですから、これはなかなかの難題といえるでしょう。

このときは、従来のアートギャラリーのような白く明るい内装ではなく、少し暗い空間にして、店内にハンガーパイプを取りつけました。お店全体をウォーク・イン・クローゼットのような雰囲気にし、アート作品の入った額縁すべてにハンガーのフックをつけてパイプに吊したのです。「ギャラリーに来た方が、まるでクローゼットからお気に入りの服を探すようにアート作品を選べるお店」ということで、店名は「closet」としました（写真⑬）。

このプロジェクトでは、スペースがないという条件を逆手に取ることで、オーナーの「気軽にアートに触れてほしい」という思いを形にできたのではないかと思っています。

これまで多くのプロジェクトを経験してきましたが、一見するととても解決できそうもない課題が与えられることも少なくありませんでした。しかし、**そのプロジェクトで実現したいことは何なのか、目的に立ち返って考えれば、それを叶える方法を見つけることはできる**ものです。

優秀な職人さんが「できません」「無理です」と言わず一緒に知恵を絞ってくれるように、ゴールを目指してアイデアを考えていくことが大切だと思います。

■「突破力のあるアイデア」が最強

仕事はただ速ければよいというものではなく、しっかり目的を達成してプロジェクトを完遂することが重要です。そこで私がいつも考えているのは、アイデアには突破力がなければならないということです。

アイデアを考える際、「社長が喜ぶ案」を出すのはそう難しいことではありません。同様に、「担当者が喜ぶ案」や、「ユーザーが喜ぶ案」を考えるのも、割と簡単なように思います。しかし、チームが一丸となってプロジェクトを推進していくには、社長も担当者もユーザーも喜ぶポイントを見つけなくてはなりません。この視点が抜けていると、「社長はやる気で『絶対に成功させてほしい』と言っているけれど、担当者が乗り気ではないとか、「社内では大評判なのに思いがユーザーに伝わらなかった」ということになりかねないでしょう。

「突破力のあるアイデア」と聞くと、「奇想天外な発想が必要そうだな」と考える方が多いのではないかと思います。

しかし、プロジェクトに推進力を与え、成功に導くには、すべての立場の人にメリットのあるアイデアこそが必要です。言い換えれば、**全員が共感できるアイデアが「突破力」を持つ**のだと思います。

デザイナーとして仕事を始めた頃、私はユーザーのメリットにばかり意識が向きがちでした。一般的にも、「ユーザーの利益を第一に考えるべきだ」ということはよくいわれますし、ユーザーに喜んでもらえるアイデアであることは絶対に必要です。

しかし**プロジェクトを完遂して当初の目的を実現するためには、ユーザーの声と同じくらい、現場やトップの思いにしっかり耳を傾けることも必要**なのです。商品が棚に並ばなければ、どんなにユーザーにメリットのあるアイデアを考えても、ユーザーの手元には届かないのですから。

■突破力のあるアイデアとは？

私がいう「全員が満足するアイデア」は、「八方美人なアイデア」とは違います。無難で、実現のハードルもそう高くなく、誰も否定しないようなアイデアは「突破力のあるアイデア」とはいえません。プロジェクトに関わる人がみんな「ここまでやればきっと会社が変わる」と感じられるようなアイデア、社長が覚悟を決めて「大変だけど必ずやり遂げる」と宣言するようなアイデアでなければ、プロジェクトをどんどん推し進めていくようなパワーは生まれないからです。

では、全員がやる気になるようなアイデアとはどんなものなのかというと、鍵は「頑張ればギリギリ手が届く挑戦」にあるのではないかと思っています。

人は、努力して障害を乗り越え、目標を達成するときに大きな喜びを感じるものです。つまり、「頑張れば乗り越えられそうな課題」を与えられたとき、一番やる気が出るということ。

アイデアを考えるとき、私は「どう頑張っても実現するのは無理だろう」というようなハードルが高すぎるものや、ちょっと手を動かせばすぐ実現できるようなものではなく、やりがいを感じられつつ「頑張れば必ずできる」と思える水準のものにしています。

ですから、私が考えたアイデアに対して商品開発の担当の方から「これはすごく難しいけど、できなくはないと思います」というような反応をいただくと、「いい結果が出せそうだ」という手応えを感じます。

「難しいけれどできなくはない」という反応は、クライアントが半年後、1年後というスパンで見たときに出せるベストな結果ということを意味しますし、それはクライアントの「やる気のスイッチ」を入れ、可能性を最大限に引き出すことにつながります。

社長も各担当者もやる気になって、「これで会社が変わる」「この商品を世に出したらきっとすごいことになる」といった思いを持てれば、会社全体が勢いづきます。

私がナビゲーターを務めるJ－WAVEのラジオ番組「CREADIO」には、デザインに関するさまざまな依頼を受け、そのプロジェクトが完成するまでを追いかけるコーナーがあります。そこに最初に持ち込まれたのは、「究極のチョコレートをデザインしてほしい」という依頼でした。

依頼主であるハンター製菓は、中空チョコ、3D立体チョコ、写真チョコなどをつくる独自の製法を持ち、チョコレートのOEM（相手先ブランドによる生産）を行っている企業です。強みはなんといってもその造形力の高さ。人の手も使って複雑な形のチョコレートをつくりあげる、オートメーションならぬ「お手てメーション」に付加価値があり、一点物のチョコレートなども手がけています。

ハンター製菓の若き4代目社長は、「OEMだけでなく自分たちのブランドもつくりたい」と考え、チョコレートのデザインを依頼することにしたといいます。

私が考えたのは、ハンター製菓にとっての究極のチョコレートとは何か、ということ。それは、やはり「形」にこだわったチョコレートであるはずです。

ハンター製菓の技術は世界的に見ても十分に差別化要因となるものです。ショコラティエやパティシエのブランドで売る外国製のチョコレートも多い中、造形力で勝負するというのは日本的でもあり、私の目にも非常に魅力的に映りました。

そこでハンター製菓には、「形だけで勝負するチョコレート」を提案しました（写真⑭）。使用するチョコレートは同じでも、形が違うことで食感が変われば、口に入れたときに感じる味も変わるのではないかというアイデアです。

もちろん形で勝負するからには、造形は極限まで実現が難しいレベルにし、「ハンター製菓にしかつくれないチョコレート」にしなければ意味がありません。

提案のとき、模型で10種類の形を見せると、社長はひとしきり喜んだ後で黙り込み、しばらく模型を見ながら考え込んでいました。このように、プレゼンの場でクライアントが「どうすれば実現できるだろう」と考え始めてくださるのはよい兆候で、「やる気のスイッチ」が入る提案ができたことを意味します。

提案したとき、私は「10種類の形のうち、実現できるのは2つか3つだろう」と思っていました。それだけ造形の難度が高いものばかりだったからです。

ところが、ハンター製菓では半年近くの時間をかけ、なんと10種類のうち9つを実現することに成功しました。これは、まさに「ギリギリの挑戦」がモチベーションを高めた結果だと思います。

このプロジェクトから生まれたチョコレートは西武・そごうのバイヤーの目に留まり、

2015年2月のバレンタインデーに合わせて発売されました。また、パリで開催される世界最高峰のインテリアとデザイン関連の見本市「メゾン・エ・オブジェ」では、このチョコレートを販売するチョコレートラウンジが開かれました。

さらにこの先に目を転じれば、難度の高いデザインを9種類も実現したのですから、そこで培われた技術はさまざまな場面で応用できるでしょう。「変わった形のチョコレートをつくりたいなら、日本のハンター製菓だ」という認知が広まれば、海外を含めいろいろなメーカーからOEMの依頼が増えることも期待できそうです。

「やる気のスイッチ」を入れるデザインは、プロジェクトを加速させるだけでなく、時には会社の空気を一変させてしまうような力も持ち得るものなのだと思います。

5 ゴールに最短で近づくプレゼン術

■成功への近道は「愚直な準備」

デザイナーの仕事に対して、「プレゼンをいかに通すかが重要」というイメージを持っている方は少なくないでしょう。一般的にも、成功するプレゼンの方法論はビジネスパーソンからの注目が高いテーマになっているようです。

しかし、私はプレゼンの方法論にはまったく興味がありません。プレゼンはあまり得意ではありませんし、アイデアさえしっかり伝えられれば誰がやってもいいとさえ思っています。

もちろん、プレゼンの場はクライアントからの質問に答えるなどコミュニケーションを取る意味では大切だと思いますが、小手先の「見せ方、話し方」のようなプレゼン技術は、プレゼンの成否には関係がないと考えています。**プレゼンの目的は、相手を説得することではなく、相手に納得してもらうこと**だからです。

では、プレゼンにおいて何が大事かといえば、とにかく愚直に準備することです。プレゼンの前に図面はもちろん、コンピューター・グラフィックスや模型もつくり、プレゼンの場ですぐ発注していただける状態にしておきます。それも、提案するアイデアは一つではなく、時には７つ、８つと案を用意。そのすべてが、いつでも発注ＯＫの状態です。

こうしたプレゼンは、同業の方から驚かれることがよくあります。

海外のクライアントでは、社外デザイナーが「クリエイティブ・ディレクター」といった立場で経営トップと一緒に仕事をしているケースが多く、プロジェクトのプレゼンをする際は経営トップと著名なデザイナーのコンビが相手ということが珍しくありません。コンビでプレゼンを聞き、経営的判断は経営者が、デザイン的判断はクリエイティブ・ディレクターがするという方法は海外ではごく一般的になっていますから、私がほかのデザイナーに向けてプレゼンをする機会はたくさんあります。

海外のデザイナーは、最初のプレゼンではスケッチ程度でアイデアを伝える人が多いので、複数の案を用意したうえに模型までつくるというのは、彼らにしてみると思わず目を疑いたくなるほどの驚きを誘うもののようです。「ウチの事務所の人間に見せたいから、プレゼン資料を一式借りていってもいいか」と頼まれたこともありますし、「スタッフにネンドのプレゼンの話をしたら、みんな驚愕のあまり青ざめていた」と言われたこともあります。

イメージしやすい状態でアイデアを正しく伝えられれば、クライアントの決断が早まります。またプレゼンで方向性が決定すれば、すぐ発注していただける状態ですから、その後のプロジェクトの進行も非常にスムーズです。

愚直に準備をすることは、一見、時間や手間がかかって遠回りのように思えるかもしれませんが、実は最終的なゴールにたどり着くための近道なのだと思っています。

■複数案を出したほうがいいワケ

一般に、プレゼンでは「クライアントから2案出してほしいと言われたからA案とB案の2つを出しておこう」といったケースが多いのではないかと思います。プレゼンをする立場にある方の場合、「本当はA案が絶対によいと思っているけれど、捨て案としてB案も出しておかないと……」という感じで対応していることもあるでしょう。

私はこうしたやり方はしていません。多くのプロジェクトでは複数の案を出していますが、その中に「捨て案」はありません。また、複数の案のうち、特定の案について「絶対にこれがいい」と思いながらプレゼンをすることもありません。

複数の案を出すケースが多く、すべての案に対してフラットにプレゼンをするのは、クライアントと一緒に方向性を検討するプロセスを重視しているからです。

さまざまな方向性が考えられるプロジェクトなのに「絶対にこの案がよいと思います」と一つの案だけを提示し、それがスムーズに通ってしまうと、クライアントがその案以外の方向性について検討しないままプロジェクトを進めることになります。これは、プロジェクトのメンバーが途中で「もしかしてこんな方向性もあり得たのではないか」と疑問や不安を感じるリスクを残すことを意味します。

このようなリスクを排除するには、考え得るすべての選択肢を提示して、どの方向にすべきか一緒に決めていくステップが必要です。

たとえば、最初に「丸」「三角」「四角」と3つの案を出したとします。それぞれの案についてしっかり検討し、全員で「丸でいきましょう」ということになってプロジェクトを進めていれば、急に誰かが「やっぱり四角がよかったかもしれない」と言い出す可能性は低くなります。

もちろん、最初にしっかり検討していても、「競合が最近、四角い商品を出したので、やっぱり四角に変えましょうか」といった声が出てくることはあるものです。それでも、「最初に四角は選択肢にあったけれど、みんなで丸を選んだのはなぜだったのか」というふうに考えられれば、「ユーザーは本質的には親しみのある丸いものを求めているはずだ、という話でしたよね」というようにスムーズに最初の立ち位置に戻ることができます。

プロジェクトの途中になってから「やっぱり三角だ」「いや、四角がいい」などと軸がブレれば、そこからまた提案のやり直しになって時間も手間もよけいにかかるでしょう。

最初に軸を決めること、それもプレゼンをする側が決めるのではなく、クライアント自身で決断してもらう段階を挟んでおくことが、プロジェクトの方向性を確定するうえで重要なポイントだと思います。

ただし、提示する案は数が多ければよいというわけではありません。

先の例でいうと、「丸」「三角」「四角」という明確に方向性が違うものを提示することに意味があります。「丸のほかに楕円もあります」というようにあまり本質的な差がない案を並べていくと、「部長は丸が好みだけれど、担当者は楕円のほうが好きだと言っている」というように、好き嫌いの話に終始することになりがちです。

こうした事態を避けるため、複数の案は、「コストは無視して、若い世代を取り込めるように商品をゼロから見直した場合」「現行商品の一部を変えてコストを半分に減らした場合」などというように、それぞれ目指す方向性が明確なものを提示します。

このような選択肢を提示すれば、そこに個人の好みが入り込む余地はありません。そして、クライアントがこうした選択肢から悩みながら一つの案を選ぶことで、最終的に「今回はコストは重要ではなく、若年層を狙い撃ちにすることが大事なんだ」というようにプロジェクトのベクトルがしっかり定まるのです。前述のスターバックスのプロジェクトも同様でした。

西武・そごうで展開している「by｜n」（バイエヌ）で発売する傘のプロジェクトでも、製造を請け負う傘メーカーに複数の提案を行っています。

アイデアを考える際には、傘をデザインすることで解決したい問題を決め、一つの問題に対して解決案となるアイデアを一つずつ出していきました。実際に提案したのは、傘布の部分が瓦状で風を通す構造になっている「台風でも壊れない傘」や、柄の部分の色や形をさまざまなパーツから選べる「ひと目で自分のものだとわかる傘」、柄を取り外せる「盗難防止になる傘」などです。

これらを含む複数案の中から最終的に選ばれたのは、柄をV字形にした「逆立ちしたり壁によりかかったりする傘」でした（写真⑮）。

このデザインが選ばれたのは、柄の形を変えるだけで済むため技術的な難度が高くなく、低コストで量産できるというのが大きな理由です。傘布を瓦状にして台風に耐えるつくりにしたり、柄を取り外せるように新たな機構をつくったりすると、開発の時間やコストが大きくなります。

ここで大事なのは、さまざまなデザインの傘を提案したことで、傘メーカーが「今回のプロジェクトでは、どのくらいの期間をかけて何を得たいのか」を確認できたことだと思います。今すぐつくれて来年たくさん売れる商品を出したいのか、誰にもつくれないような傘を長い時間をかけて開発したいのか。具体的なアイデアを目の前にして、明確に方向性を意識したことで、その後はブレずにプロジェクトを完遂することができました。

結果として、この傘は非常によく売れており、特に海外からの引き合いが多いと聞きます。傘メーカーとしては一つの結果を出すことができたわけですから、次はよりハードルを上げたチャレンジができるのではないでしょうか。

よく「選択肢が多いほど、選ぶ人の満足度は高まる」などといわれますが、**やみくもにたくさんの案を並べて「選べる満足感」を演出するだけでは、プロジェクトの方向性を固めるには足りない**と思います。

プロジェクトをブレずに進めていくためには、最初に提示する案の一つひとつに異なる方向性を持たせるよう意識してプレゼンの準備をすることが重要です。

■プレゼンの完成度を高める「超ネガティブシンキング」

私は根は楽観主義者ですが、アイデアを出すときやプレゼンの前などは「超ネガティブシンキング」です。「不安だな」「あの人はこういうアイデアは嫌がるかもしれない」といったことをよく考えています。

ネガティブというと「よくないこと」というイメージを持つ方が多いのではないかと思いますが、実のところ、この自信のなさやネガティブシンキングがスピーディーなプロジェクトの進行に役立っている気がします。

プレゼンについていえば、一般にはスムーズに進むほどよいとされているように思いますが、私は、無理をしてまでスムーズにプレゼンを進める必要はないと考えています。というのも、**スムーズに進むプレゼンほど、後が怖い**からです。

超ネガティブな私にも、まれに「まったく不安感がないまま迎えるプレゼン」があります。しかしこれは裏を返すと、「リスクを想定できていない」ということです。

これがたとえばスポーツ選手なら、試合前に成功イメージを持ち、そこに実際のプレーを近づけていく「ポジティブシンキング」は有効でしょうし、スポーツに限らずそういったスタンスが望ましい場面もあると思います。しかしビジネスでプレゼンをする場合、ポジティブシンキングは少々危険で、「プレゼンの失敗事例」をできるだけたくさんイメージしておくこと、その失敗に備えておくことが大切だと思っています。

プレゼンをすれば、クライアントが不安に感じる要素は必ずあるもの。それが具体的にどんな点なのかを予想できていれば、その不安にどう応えればよいかを考えて準備しておくことができるでしょう。

実際にプレゼンの場で予想通りの失敗が起きたら、「その点はこの素材サンプルを見ていただいて……」と準備しておいた追加の情報を提供するといったリカバーが可能です。そして、失敗はリカバーできればむしろクライアントの安心感を増し、信頼を得ることにもつながりますし、アイデアやプロジェクトの質が上がることもあります。

こうして考えてみると、**ネガティブシンキングで準備をすることが、かえってプレゼンの完成度を高める**ことにつながっているようです。

おそらくプレゼンの方法として、「相手に有無を言わせず突破する」というやり方もあるのかもしれません。

しかし、そういったプレゼンは後々、「あのときはいいと言ってしまったけれど、実は気になっていることがあります」などといった不満の爆発につながるリスクが大きいのではないかと思います。

ガス抜きはできるだけ最初にすること、プレゼンではクライアントに不満な点や不安に感じることをできるだけ率直に話してもらうことが、プロジェクトをスムーズに進めることにつながるのだと思います。

■プレゼンでは相手にとって悪い話もする

人は、わからないことや見えないものに対しては過剰な不安を抱くものでしょう。この点、私がお受けするプロジェクトはクライアントにとって新たなチャレンジとなるものばかりですから、最初は「わからないこと」「見えないもの」がたくさんあるはずです。プレゼンのときは、「クライアントにはプロジェクトに対する不安があるはずだ」ということを前提にしてコミュニケーションを取るようにしています。

不安を解消するためには、私は「よい話ばかりをしない」ということが重要だと思っています。

プレゼンというと相手に魅力を伝えることが重視されがちですが、メリットばかりを聞かされれば、クライアントは「デメリットはないのか」「裏に大きな落とし穴があるのではないか」などと疑心暗鬼になってしまうおそれがあります。

また、「そもそもこのデザイナーはリスクを把握していないのではないか」と不信感を抱かせることにもなりかねません。

ですから、プレゼンではクライアントがそのような心理状態に陥ることがないよう、「この案にはどんなデメリットがあるか」を明確にします。

「このデザインだとこの部分が壊れやすいかもしれません」

「コストはおそらくほかの案よりかかると思います」

「生産の現場からはこの部分は難しいと言われそうですね」

こんなふうにリスクをあらかじめ話しておけば、クライアントも「その部分はウチの技術で補強できるかもしれません」「一つX円程度のコストアップなら予算内に収められそうです」というように、リスクへの対応を考えながら提案を検討することができます。

先に少しご説明したように、私はプレゼンで模型などを準備するので、それを見たクライアントが一気に盛り上がることが少なくありません。プレゼン中に「これは面白い」

「売れそうですね」などと喜んでいただくのはうれしいのですが、盛り上がった気持ちだけで方向性を決めるのはちょっと危ないといえます。

リスクを正しく認識し、そのリスクを会社として負えそうかどうかという判断も踏まえて方向性を固めないと、途中で「これはやっぱり無理でした」ということになりかねません。逆に、リスクを全員が把握していれば、いざ問題が起きたときにも冷静に対処することができるでしょう。

プロジェクトを着実に進めるためにも、「最初に悪い話もきちんとしておく」というのは欠かせないポイントなのです。

リスクの話をすれば、当然、クライアントが尻込みしてしまうこともあります。

しかし、新しいものを世に出すことには常にリスクが伴います。どんなものにも光と影があるように、リスクを取るからこそ得るものがあるといってもいいでしょう。何もせずリスクを取らないことは安全策のように見えるかもしれませんが、「得られるはずだったものを手に入れられない」というリスクを負うことでもあるのです。

このように考えると、**長期的に見ればリスクをまったく取らずに済むという選択肢はな**

く、「リスクをどこで取るか」の判断が必要なだけだということがわかります。

こうしたことも含め、クライアントにはリスクについて正しく理解・納得していただいたうえで一緒にプロジェクトを進めていきたいと思っています。

■プレゼンは相手に「プレゼントを渡す場所」

プレゼンは、私にとっては「プレゼントを渡す場所」です。

誰かにプレゼントをあげるとき、「何がほしいんですか？　あのバッグですね、わかりました」と言って、頼まれたものをただ買ってくるのでは、相手の驚いたり喜んだりする顔は見られません。かといって、相手の意向をろくに聞かず、「私はぜひあなたにこれを使ってほしいんです」と自分があげたいものを押しつけるのも違う気がします。

プレゼントは、できれば相手が好きなものや今持っていなくて困っているもの、しかも「そうそう、自分では気づいていなかったけれど、これがほしかったんだ」と思ってくれるものが理想的です。そんなものを渡せたら、きっと相手はびっくりして、ものすごく喜んでくれるに違いありません。

「何を贈るか」だけでなく、相手が気持ちよく受け取れることも重要です。
プレゼントを受け取るときに、何がもらえるかわかっていたら、きっと受け取る人は興ざめでしょう。中途半端に「何かアクセサリーをプレゼントします」と伝えていたら、「ちゃんと私の好みのデザインを選んでくれるだろうか」などとよけいな不安を抱かせてしまうかもしれません。ですから、プレゼンの前には具体的な案を伝えないようにしています。

打ち合わせのときも、「プレゼント」がバレてしまわないよう、できるだけ偏った質問をしないように注意しています。

先に挙げたプロテカのスーツケースの例でいえば、打ち合わせのときにスーツケースの車輪について尋ねはしましたが、「きっと車輪の部分で何か考えているんだろう」とクライアントが察してしまわないよう、ニュートラルにほかの部分についても質問するようにしていました。打ち合わせの場で話が車輪のことばかりになってしまったら、プレゼンのときにクライアントが新鮮な気持ちで提案を聞けなくなってしまうと思ったからです。
また、打ち合わせのときに私が「一つだけ車輪を変えましょう」と言ったら、これまでに例のない話でクライアントは不安になったかもしれません。車輪を一つ変えたらスーツケースがどんなふうに見えるか、プレゼンの場できちんとビジュアルを使って伝えるステップが重要だったと思います。

プレゼンに技術は不要だと書きましたが、コミュニケーションを取るうえでの配慮はやはり必要です。

大切なのは、プレゼンを受けるクライアントの気持ちを考えるということ。どんなによいアイデアも、相手に受け入れられてこそ意味があります。ですから、どうすればクライアントが「プレゼント」を笑顔で受け取ってくれるか、相手の立場やそのときどきの気持ちを考えながらプレゼンに臨むようにしています。

6 最後まで相手の期待を上回り続ける

■スピード感が相手の満足度を上げる

私の仕事の特徴の一つは、リピーターが多いということです。一度プロジェクトをご一緒すると、その後も継続していろいろな案件のご相談を受けることが少なくありません。ネンドが急成長を遂げてこられたのは、一つのクライアントから任されるプロジェクトの数や規模がどんどん増大する傾向にあることも理由ではないかと思います。

なぜクライアントが「また一緒に仕事がやりたい」と言ってくださるのかというと、おそらく「常にクライアントの期待を上回るアウトプットをし続ける」ということを徹底しているからでしょう。

特に、本書のテーマである「スピード」という点は強く意識しています。クライアントから「1週間で何とかしてほしい」と言われれば、5日で納品する方法を考えます。

クライアントの要望にスピーディーに対応すると、「仕事がしやすかった」と言ってもらえます。予定より何でも早めに出す人と、いつも締め切りギリギリの人、締め切りを守れない人がいたとしたら、誰でも「早めに出してくれる人と仕事がしたい」と思うでしょう。「仕事がしやすい」という印象の多くは、「スケジュールより早めに動いてくれる」という安心感が占めているといってもいいと思います。

実際、早め早めに動いておけば、修正が必要になったときにスムーズに対応できるなどさまざまな面でケアが行き届きます。受け手が「対応が早い＝仕事がしやすい」と感じるのは、当たり前のことなのです。

対応が遅れると、その分だけクライアントの期待値も上がります。

プレゼンまでに想像以上に長い時間がかかれば、「これだけ待ったのだからきっとすばらしいアイデアを出してくれるに違いない」と相手が期待を膨らませるのはごく自然なことでしょう。

時間をかければかけるほど、ハードルは高くなると考えておくべきです。アイデアはいたずらに寝かせず、スピーディーに提案することが、「常に相手の期待を超え続ける」仕事につながると思います。

アイデアの中身はもちろんですが、プレゼンの時点でそれをきちんと形にして複数の案を提示する、納期より早めに出すといった誠意ある対応を重ねていれば、クライアントとのコミュニケーションに齟齬が生じることはまずありません。

私が多少、思い切った提案ができるのは、少なくとも誠実に仕事をしているという自負があるからなのかもしれません。

現在、タイの商業施設をリニューアルするという大きなプロジェクトを進めています。バンコク市内にはいくつかの大規模なショッピングセンターがあります。その中の一つが全面リニューアルをするということで声がかかったのです。

当初は、リニューアルする全5階のうち4階部分の空間デザインだけをやってほしいという要望でした。しかしタイで政情不安が続き、ほかのフロアを依頼されたデザイナーがタイ行きに二の足を踏む中、私たちが依頼を受けた翌日にタイに飛ぶと、話は大きく変わりました。相手企業の社長は、私たちがすぐ足を運んだことにびっくりしながらも喜んでくださり、すぐに「1～4階までの全体を頼みたい」ということになったのです。

これは、スピーディーな対応が受け手の満足度を高めるということを改めて実感した出来事でした。

この話にはさらに続きがあります。その後、当初予定していたプレゼンのタイミングでトラブルが発生し、100パーセント納得のいくプレゼンができそうにないという事態になってしまったのです。

締め切りより常に前倒しで動いている私としては非常に珍しいことではあったのですが、そのような事態になった以上、とにかく謝らなければなりません。

そこで手ぶらでタイに飛び、事情を説明して「あと1週間時間をいただきたい」と頭を下げました。すると社長は「そのこだわりがいい」と言ってくれただけでなく、プロジェクトについてさらに深い話を聞かせてもらうことができ、その場で館内のグラフィックや外装のデザインも引き受けることになりました。

その1週間後のプレゼンでは、依頼を受けていた1～4階だけでなく、5階部分も含めて案を持っていきました。このようなやり方は珍しくなく、アイデアを伝えるのに必要であれば、頼まれていなくとも、デザインした商品のネーミングまで考えたり、仮のロゴをつくってはめ込んでみたりということもよくやります。ショッピングセンターのケースでも、アイデアのコンセプトを伝えるには全5階分の提案をしたほうがわかりやすいだろうと判断してプレゼンを行ったわけです。

社長は私の提案を喜んでくれ、最終的には全5階を引き受けることになりました。さらにその後は「日本のテナントでいいところがあれば紹介してほしい」とも依頼され、いくつかの日本のクライアントを紹介。すると入居する店舗のデザインも頼まれるなど、仕事がアメーバのように広がっていきます。

こうして振り返ってみると、**クライアントにとってよかれと思うことをどんどんやっていくことが、結果的に仕事の領域を広げる**ことにつながっている気がします。

■仕事の枠組みを決めず、やれることはすべてやる

デザイナーという肩書きで仕事をしていますが、私は「デザイナーの仕事の範囲はここからここまで」というような枠組みを決めないようにしています。

プロジェクトをスピーディーに完遂し、クライアントの目的を達成するために、すべきだと思うことは何でもやるというのが基本的なスタンスです。商品のデザインだけでなく、展示やプロモーションの方法までを含めてトータルで提案したり、「商品の前にまずウェブサイトのデザインを見直しましょう」などと依頼内容と異なる提案に持っていったりすることもあります。

なぜこうしたことをするのかというと、どんな仕事にも、その背景にどういった事情があるのかを広い視野で見ると、より大きな可能性をはらんでいることがわかるからです。「そのターゲットを狙うならこんなプロモーションはどうでしょうか」とか、「すでにヒットしているこの商品も含めてブランドを整理し直したら、こっちの商品もうまく売れるかもしれませんよね」というように、企業の戦略の全体像を俯瞰した提案ができれば、

クライアントが目的を達成するスピードは上がり、仕事の範囲も広がるわけです。

また、クライアントが初めての挑戦に一歩を踏み出せずにいるときなどには、お話を聞きながら背中を押すのも私の役割の一つだと思っています。それに、社内外の人間関係の調整に一役買うことも少なくありません。「このプロジェクトを進めるうえで製造中止にせざるを得ない商品があるが、担当者が猛反発して困っている」と悩みを打ち明けられ、私がその担当の方のところに行って頭を下げたこともあります。

ほかにも、プロジェクトを推進するためには、一見デザイナーの業務範囲ではなさそうなことであっても、私がやったほうがいいと思われることなら何でもやります。

2014年10月、ジェトロ（日本貿易振興機構）が開催する展覧会「日本のデザイン2014@シンガポール」のプロデュースをしたときのことです。

ジェトロではこれまでにも数年に一度、こうした展覧会を海外で開催してきた実績がありました。目的は日本の中小企業をサポートすることで、公募で集めた日本製品を展示し、ビジネスデーには海外企業と日本企業のマッチングを図ってきたわけです。しかし過去の実績は目指す水準にあと一歩届いていませんでした。２０１４年にシンガポールで開催された展覧会では、より多くの人に足を運んでもらい、参加する日本企業のビジネスチャンスを増やしたいというのが担当者の意向でした。

そこで私がまず取り組んだのは、来場者にとってわかりやすくクオリティの高い展示にするため、展覧会のテーマを明確にすることでした。

日本のものづくりについて「見えないところにまでこだわりを持っているのが日本の職人であり、そこに本質があるのではないか」と考えたすえ、「日本のデザインのオシリ」をテーマとすることに決定。背面や裏面、底面にデザインの特徴があるものや、内部に機能的な特徴を持つデザインのものを集めることにしました。

また、展示する作品の集め方も大きく変えました。従来は公募のみでしたが、「プロデューサー推薦作品枠」を設け、展示作品１００点のうち50点を推薦作品とすることにしました。推薦作品枠を設けることで展示の質が高まれば、公募作品の展示にもよい影響があるというのが私の考えでした。

展覧会の図録は、今までは寄せ集めの写真でつくられていたのですが、すべて撮り下ろすことにしました。図録のクオリティを高めるためにはそのほうがよいと思ったからです。

しかし、これまで前例がない取り組みだったため、撮影の予算はありません。スタジオを借りるお金がないので、展示品をシンガポールに送る前にいったん成田空港の近くの倉庫に集め、倉庫内に撮影セットを組んで撮ることに。100点の展示品を一点一点、それもテーマに沿って「表」と「裏」の両方のカットを押さえなくてはなりません。私もスタッフも、倉庫の中で全員汗だくになりながらの撮影となりました。

図録を書籍として販売するという新たな試みにもチャレンジしました。出版してくれる会社や図録のデザインをしてくれる方を探して頭を下げ、写真に添える100社の説明文の体裁がそろうよう、調整にも奔走しました。

こうした取り組みの結果、展覧会は来場者が大幅に増え、来場者に対して行ったアンケートで9割以上の人が「よかった」と回答。ビジネスデーの成約率もかつてないほど高めることができました。図録も、シンガポールだけでなく国内の書店からも引き合いがあり、最終的には在庫が不足するほどよく売れたそうです。

こうして振り返ってみると、展覧会のプロデュースという範囲にとどまらず、ずいぶんいろいろなことに手を出したものだと思います。しかし、「相手の期待を超えたい」という思いを持って仕事をしていると、どうしてもやることは増えるもの。それでも、結果的にはそれがスムーズなプロジェクトの進行につながっているように思います。

■難しいことからチャレンジする

プレゼンでは方向性の異なる複数の案を出すと書きましたが、もう一つの視点として、実現のハードルが高そうなものと、比較的実現しやすそうな案の両方を入れておくことも少なくありません。

クライアントがプロジェクトに対して抱えている不安が大きい場合、やはり「リスクはあまり取れないから」と実現しやすそうな提案を選ぶことが多いものですし、「ウチの会社を劇的に変えたい」「業界の慣例を破る商品にしたい」など攻めの姿勢になっているクライアントはハードルの高い提案を選ぶ傾向があります。クライアントがどの提案を選択するかを見れば、相手のスタンスをある程度見極めることが可能です。

ハードルが高いとわかっている提案をあえて入れる理由は、ほかにもあります。

個人的には、より挑戦的なアイデア、困難な提案であるほど、世の中に与えるインパクトは大きくなると感じます。何年か経ったときに「あの商品はすごかった」と言われたり、競合企業がこぞって真似たりするような商品を生み出せれば、それはやはり意味のあることだと思っています。そのようなプロジェクトであれば、クライアント企業の活性化にも貢献できるでしょう。

また、これは非常に重要な点ですが、**よりハードルの高い案にチャレンジしていれば、後になってハードルを下げることは簡単**なのです。

通常、プロジェクトを進めていれば、「少しサイズが大きくなってしまいました」「この機能がなくなりました」というように、だんだん思い描いていた水準から下がっていくもの。しかし、最初に難度が高いところを目指していれば、途中で妥協しなければならないことが出てきても、最終的に生まれるプロダクトは目的をクリアする水準を満たしていることが多いのです。

逆に、最初にハードルを低く設定していた場合、プロジェクトの途中でハードルをさらに下げざるを得なくなったときに、「この商品では世に出す意味があまりない」というレベルになってしまうおそれがあります。

商品を複数デザインしてラインアップをそろえる場合も、できればハイエンドの商品から開発したほうがいいと思います。それを成功させてから廉価版や簡易的な機能のものに展開していくほうが、後が楽だからです。先に簡単なほうから手をつけてしまうと、目指す水準の商品がいつまで経っても出せないということにもなりかねません。

プロジェクトのゴールにスピーディーに到達するには、常に「難→易」の順に挑戦していくことが肝要です。

チャレンジングなアイデアを実現できたケースとして記憶に新しいのは、木製の玄関扉や内装ドアなどを手がける阿部興業の創立70周年に合わせてデザインした「seven doors」です（写真⑯）。

これまで阿部興業は、建設会社や住宅メーカーなどに向けてドアを販売する、いわゆるBtoBのビジネスを手がけていました。ネンドへの依頼は、「今後はエンドユーザーが『あのメーカーのドアがほしい』と思ってくれるような商品をつくりたい」というものです。

コモディティ化しがちな商品について「新しいマーケットにチャレンジするためにデザ

イナーに何か考えてもらいたい」という依頼は、近年、増加傾向にあります。「普通」のものをつくっていれば、アジアのメーカーとの価格競争に巻き込まれてしまうといった危機感があるのかもしれません。

ドアの新商品というと、これまではたとえば「今までよりも開閉時の滑りをよくする」とか「開け閉めの音を小さくする」といったように、「何かをちょっと改善する」方向で考えられてきました。しかし「既存商品を基準に、どうブラッシュアップするか」というものづくりでは、新しいマーケットへのチャレンジは難しいでしょう。

そこで私が考えたのは、車でいう「コンセプトカー」のようなモデルをつくることでした。提案したのは、「照明器具と一体化したドア」「大人と子供がそれぞれ自分のサイズに合ったドアから出入りできるドア」「一部をスライドしてすきまを開けることで、光を取り入れたり風を通したりできるドア」「マグネットを内部に仕込み、トレーやゴミ箱、コンテナなどを貼り付けられるドア」「和室の建具に使用される組子の技術を活かしたドア」「棚や額縁と一体化した、壁になじむドア」「部屋の角から出入りできるドア」の7つです。

これらのコンセプトモデルに対して、まず阿部興業の社内で想像以上の反響がありました。

7つのドアをつくるために最初に行われたのは、過去にさかのぼって社内の技術を棚卸しすることでした。そして複数の技術を組み合わせながらコンセプトモデルの実現に挑む中、「この技術が使えるのではないか」「あの技術を使うと、こんなドアもできるのでは?」というように、社内の商品開発チームからもどんどんアイデアが出てくるようになったのです。これまでにない新しいドアを目の前にして、「こんなふうに自由に考えていいんだ」という雰囲気が生まれたことで、社内が活性化したのかもしれません。

その後、コンセプトモデルとして考えた「seven doors」は、実際に商品化されました。商品として世に出せるレベルにまで完成度を高めるとなれば、もちろん技術的なハードルはさらに上がります。社長が「これを商品化する」と言い出したのは、おそらく、みんなにその挑戦をしてほしかったからではないかと思います。

さらに、「seven doors」は2015年のミラノサローネでも大きな反響を呼び、海外の企業から「うちで販売したい」「ヨーロッパにおけるデザインの権利を譲ってほしい」といった声も集まりました。社内の技術力を最大限に引き出したものづくりが世界から注目を集めたことは、社内の意識を大きく変えることにもつながったようです。

阿部興業の「seven doors」のケースについて考えると、デザインというのは「その商品が売れたかどうか」だけで価値を判断できるものでもない気がします。「売る」ということにフォーカスすれば、「seven doors」のようなアイデアは怖くて考えられないでしょう。もちろん**売れるのはよいことですが、それ以上に、「そのデザインがどれくらいの波及効果をもたらすのか」が重要**ではないかと思うのです。

PART 3

ビジネスを加速する投資&チームづくり

1 「何にお金と時間を投資するか」を明確にする

■判断基準は「高いクオリティが出せるかどうか」

私がスピーディーに意思決定できるのは、さまざまなことを判断する場面において「何を基準にするか」が明確だからだと思います。

では何を基準にしているのかというと、それは「高いクオリティを出せるかどうか」ということに尽きるといっていいでしょう。

クオリティは、デザイン事務所が最も気を配るべきポイントです。アウトプットのクオリティを高く保てれば、仮に短期的に損をしたとしても、それが次の仕事の営業になり、最終的には売上げにもつながるのです。

極端に聞こえるかもしれませんが、私は「クオリティだけを追求していればよい」という考えで仕事をしています。クオリティを上げるためならお金を出すことを惜しみませんし、「これはいくらの仕事か」「これをやってお金になるのかどうか」などと考えながら仕事をすることもありません。

物事を決めるとき、さまざまな軸で検討すると「お金をかければクオリティが上がるけれど、予算をオーバーするわけにはいかない」などというように判断に迷う場面が出てきます。ただ、私の場合は、**意思決定が必要になったら「クオリティが出せるかどうか」しか考えませんから、基本的に判断に悩む無駄な時間が発生することはない**のです。

たとえば、急にフランスの会社から連絡があり、何か案件が発生しそうだという場面になったとします。このような場合、いきなりパリへ飛ぶことも珍しくありません。

もちろん、「パリに飛んだけれど、結局、何の案件にも結びつかなかった」ということも考えられます。この場合、時間も交通費も無駄になりますが、どんなビジネスでもリスクがゼロということはあり得ません。投資したら必ず回収できるというような甘い話はないと思っていれば、無駄があっても気にならないでしょう。

実際、最初のコンタクトから間を空けずに会いに行けば、喜んでもらえるケースが非常に多いもの。そのやる気は買ってもらえますし、「仕事がしやすそうな人たちだ」という印象を持ってくれる人も少なくないようです。そしてプロジェクトが動き始めれば、最初に築かれた印象は重要な意味を持ちます。こうしたポイントも考え合わせれば、「無駄になるかも」などと考えることこそ無駄というものです。

以前、雑誌「Ｐｅｎ」の取材の依頼を受けたときのこと。特集のテーマは「カワイイ」で、サンリオが２ページの記事広告を出稿するので、識者として「カワイイ」について語ってもらえないかというのが打診の内容でした。サンリオからは、「できればそのページのためにハローキティとのコラボレーションで何かデザインしてもらえたらうれしい」との希望も出ているといいます。

このお話をいただいたとき、私は男性向けライフスタイル誌「Ｐｅｎ」とキティの組み合わせは面白いなと考えました。そこで男性向けにキティのＴシャツを７枚デザインし、「よかったら好きなものを誌面で使ってください」とＰｅｎ編集部の人にお見せしたのです（写真⑰）。

すると「どのＴシャツもいいですね」と好評を博し、記事広告ではなく編集記事として

6ページにわたって取り上げてもらえることになりました。さらに「このビジュアルが一番強いから」と、私がデザインしたキティは表紙にも採用されることに。

サンリオは、2ページの記事広告を出稿したつもりが6ページの記事と表紙になったうえ、キティのTシャツが話題を呼んで商品化も決まったということで大変喜んでくださり、「これからも一緒にキティに関するプロジェクトを進められれば」と話が盛り上がっています。

この案件も、最初に依頼を受けた時点で「いくらもらえるのか」と考えてそれを判断基準にしていれば、Tシャツを7枚もデザインするというのはあり得ない選択だったでしょう。

しかし無駄になるリスクを気にせずに、誌面のクオリティだけを追求してキティのTシャツをつくったことで、これまでお世話になってきたPen編集部に喜んでもらえ、デザインしたものが表紙になり、サンリオとは新しい関係が生まれて、今後の仕事にもつながりそうな雰囲気。お金には換えられない、期待以上の結果を出すことができたのです。

■効率化のための投資は惜しまない

積極的に雑用をやる姿勢は、一般には褒められるもののようです。「社長が自らトイレ掃除をしている」「マネジメントする立場になってもお茶は自分で淹れる」といった話を聞くと、「それはすばらしい人柄だ」と感じる方も少なくないでしょう。

こうした行動が、社員や社外に向けた何らかのメッセージの発信を意図したものであれば、意味があると思います。しかし、「率先して雑用をやるのはいいこと」という考え方には、私はあまり賛成できません。それは、**仕事をするなら自分が最も結果を出せることと、周囲から最も期待されていることにこそパワーを割くべき**だと思うからです。

誰がやっても、結果がさほど変わらない仕事であれば、人に頼んだり外注したりすることをためらう必要はありません。また、機械や設備に投資することで業務を効率化でき、「その人にしかできない仕事」に注力できる環境になるなら、どんどんお金をつぎ込んだほうがいいとも思っています。

私は資金繰りにさして余裕がないときから、積極的に設備投資を行ってきました。

パソコンでつくったデータから立体模型を出力できる3Dプリンターも、2007年には1台目を導入しています。最初に買ったのは紙を積層するタイプのもので、会社の売上げが数千万円だった当時に400万円ほどでした。最近は3Dプリンターへの注目度が急速に高まり、安価な製品も続々と登場していますが、当時は今よりずっと高いものだったのです。

その頃はあまり資金的な余裕がなく、一括払いができなくて販売店の方に「何とか12カ月の分割払いにさせてください」と頭を下げました。ランニングコストも月に数十万円が必要で、その負担は決して小さくありませんでした。

なぜそこまでして3Dプリンターを導入したのかというと、プレゼンなどでクライアントにプロダクトの完成イメージをつかんでもらうためには、立体模型を見せるのが一番だからです。

3Dプリンターを導入する以前から、外注で3Dプリントは利用していました。3Dプリントした模型は手づくりの模型とはクオリティに明らかな差があり、プレゼンでも「きれいな模型ですね」などと話が盛り上がることが多く、そのメリットは十分に理解していました。クライアントが完成度の高い模型によって「こんな商品になるのか」と理解し、全員でイメージを共有することで、結果的にプロジェクトは効率よく進むので、これは非常に価値のある投資でした。

また、社内業務の効率のアップも、3Dプリンター導入の目的の一つでした。

3Dプリンターがなければ、「デザイナーの卵」であるスタッフが模型づくりを担当することになります。

しかし、模型づくりはあまりクリエイティブな仕事とはいえず、どちらかというと「必要だからやる作業」という位置づけです。「いつかはデザイナーとして独立したい」と考えているスタッフが模型づくりにばかり時間を取られる状況が続くと、モチベーションの維持は難しくなりますし、中には辞めてしまう人もいました。

デザイナーにとっては、模型をつくることよりも、デザインのアイデアを膨らませたりクライアントとコミュニケーションを取ったりすることのほうがはるかに重要です。「コストがかかっても機械化できるところはどんどん機械化し、クリエイティブな作業に時間を割けるようにしたい」という考えから、分割払いにするほど無理をしてでも「3Dプリンターを導入しよう」との決断に至ったのでした。

現在では5台の3Dプリンターを導入し、模型づくりの手作業がなくなり、スタッフの定着率は上昇しました。

ただ辞めなくなったというだけでなく、スタッフの成長の速度も上がったと思います。デザイナーとしてのスキルアップには役立たない作業から解放されたのですから、これは当然といえば当然でしょう。

もちろん、スタッフが模型づくり以外の仕事に割ける時間が増えたわけですから、社内の業務もスピードアップします。クライアントの満足度も、その分だけ高くなったのではないかと思います。

投資を検討する過程では、今、会社や自分にどんな課題があるのかを直視し、会社のビジョンに立ち返ることになります。

3Dプリンターの例でいえば、「模型づくりが続くとスタッフが辞めてしまう」「外注すると、混雑具合によっては時間のロスが大きい」といった課題があり、それを解決する手段として「自分たちで3Dプリンターを買おう」という判断がなされたわけです。その先には、よりスピーディーに多くの仕事をこなせる体制をつくることでキャパシティを広げ、新たなプロジェクトにどんどん挑戦したいというビジョンがありました。

現在も、常に投資の検討はしています。たとえばオフィスについても、これまでは東京とミラノに拠点を構えていたのですが、最近になってミラノにより広いオフィスを借りました。これは、ヨーロッパの優秀なデザイナーとの接点を増やすためです。

ネンドには毎日、世界中から「一緒に働きたい」というオファーが寄せられています。しかし、優秀なデザイナーが見つかっても、日本に来てまったく知らない文化圏の中で生活しながら働くのは簡単なことではありません。生活でストレスを感じてしまって能力を発揮できなくなっては本末転倒です。

一方、ヨーロッパにはデザインの学校がたくさんあり、若手デザイナーが成長する土壌ができています。国ごとにデザインの傾向やスタイルが異なり、多様性もあるので、人材獲得という意味では非常に魅力的な市場といえます。「それならヨーロッパにオフィスを構えればいい」と考えたのが、ミラノに広いオフィスを借りた直接的な理由です。

今後は、ミラノで働くスタッフと日本のスタッフが交換留学のように行き来するケースも出てくるでしょう。それは会社にとってよい刺激になるはずです。

お金については貯めることより、常に「どこに使うべきか」を考え、投資し続けること。この発想こそが、ビジネスを加速させるための組織づくりにおいては重要だと思います。

■自腹でパリの展覧会に出展した理由

2013年のクリスマスのこと、私は「年明け早々にパリで展覧会を開くので、ぜひ出展してほしい」という招待を受けました。主催者は、世界的な家具のトップブランドです。

16組の世界のトップデザイナーが照明器具をリデザインするという趣旨の展覧会だったのですが、クリスマスに招待されて年明けには開催というスケジュールですから、当然、かなり急いで制作を進めなくてはなりません。しかもチャリティーのプロジェクトだったので、完全な持ち出しということになります。

このような状況では、「お金にならないから断る」というのが一般的な考え方ではないかと思います。出展するにしても、普通に考えれば「できるだけお金をかけず、パワーもあまり割かずに済ませよう」となるところでしょう。

しかし、私はこの展覧会に出展することに決めました。時間がなかったので、自社以外でも対応できる作業はすべて外注。ちょうど私が海外出張中だったので、制作途中のチェックなどは日本からホテルに模型を送ってもらって対応しました。作品の撮影まで含めて、かかったお金は数百万円以上になりました。

一銭にもならない仕事になぜそこまで時間とコストを投入したのかというと、ひとえに自分たちの考えていることを伝える機会を持つためです。世界のトップデザイナーが作品を出す場に自分も出展できるという状況は、数百万円のお金で買えるものではありません。つまり、この展覧会への出展は投資という位置づけでした。

また、出展する以上、中途半端なものをつくっても意味がありません。16組ものトップデザイナーが出展するのですから、そこに埋もれてしまわないためには全力投球で制作しなくてはならないと思っていました。

いざ展覧会が開催されると、ネンドの作品は主催者であるトップブランドの社長に大変喜んでいただくことができました。

そこは、各国のデザイナーが「一緒に仕事をしたい」と頑張って目指しているような世界的にも注目度の高いブランドです。その社長が私に抱きつかんばかりに喜び、展覧会のPRでも積極的にネンドの作品を推してくれたのです。「評判がいいからミラノサローネにも出展しよう」などと話も大いに盛り上がりました。

これまでそのブランドとはさほど深いおつきあいはなかったのですが、この展覧会をきっかけに関係が一気に深まったように思います。もともとはプロモーション効果を期待していたので、社長にここまで喜んでいただいたのは想定外のことではありましたが、結果的に投資した意味はあったといえそうです。さらにこの作品は、パリのポンピドゥセンターから収蔵の依頼が来るほど話が広がっています。

この展覧会の場合、制作期間が短く制作費も出ないという悪条件が重なっていましたが、だからこそおそらくほかのデザイナーはそこまでエネルギーを割けないだろうという考えもありました。**「他人が頑張らないところで一生懸命やる」というのは、投資効率を上げるという観点では大きなポイント**かもしれません。

■魅力を伝えるために積極的に投資する

デザイナーの仕事というのは、クライアントからの依頼がなければ始まりません。ですから、まずは「ネンドなら何とかしてくれるかもしれない」という期待を持っていただく必要がありますし、そのためにはネンドのアイデアの面白さや課題解決能力の高さを積極的に伝えていくよう努力しなくてはなりません。

自分たちへの期待を高めるには、作品のクオリティを上げることが欠かせません。クライアントの満足度を高めることも重要です。それに加えて、**作品のクオリティを正しく発信する活動もしていかなくてはならない**と思っています。

私は、会社の魅力を広く正しく伝えるためには、手間やコストを惜しみません。

たとえば作品の写真撮影に関しては、創業1年目から高いお金を払って著名なフォトグラファーの方にお願いし、きちんとした撮影スタジオを借りて行ってきました。

最初は誰に撮っていただくのがベストかわからず、雑誌などで調べてはコンタクトを取って依頼していたものです。一つの作品を別々のフォトグラファーに撮ってもらって、見え方がどう変わるか試行錯誤したりもしました。

作品の撮影は、費用をかけずに済ませようと思えばいくらでも安くあげられます。デジカメで自分で撮れば十分だと考えるデザイナーもいるかもしれません。

しかし、作品のクオリティを表現するには、やはりその魅力を引き出してくれるフォトグラファーの力を借りるべきだというのが私の考えです。

作品集づくりも投資の一環です。

一般には、デザイナーの作品集は「有名になり、出版社からの依頼を受けてつくるもの」と考えられているのではないかと思います。しかし私は、仕事を幅広く知っていただくためには、有名になるのを待つよりも自分で作品集をつくってしまったほうがよいと考えました。

最初の作品集をつくったのは、創業3年目。自費出版で500万円ほどかけて『カミネンド』という一冊の本にまとめ、1000部印刷してクライアントに配りました。まだ売上げが5000万円ほどしかなかった頃ですから、500万円は相当大きな投資だったといえます。

シンプルに見えるウェブサイトにも、実はかなりのエネルギーを割いています。ネンドのサイトは日本語と英語に対応しており、英語への翻訳は、イギリスの大学院でデザインの研究をしている世界でも著名な先生にお願いしています。私は11歳までカナダで育ったので、通常のコミュニケーションには不自由しませんが、やはり専門家の力を借りたほうが、細かいニュアンスまで正確に伝わる表現になると感じています。

通常、ウェブサイトにアップするテキストは、翻訳していただいたものを私がチェックして修正し、また見ていただくというやりとりを3往復ほど繰り返します。ほかにも作品写真の撮影ディレクション・色調整・掲載順の決定など、それなりに時間も手間もかかりますが、世界に発信するメッセージを正しく伝えるためには不可欠な作業だと思っています。

2 スピード仕事術を実現する人材育成とチームづくり

■新人にはまずスピードを体感させる

新しくスタッフを採用する際、作品が採否の判断基準になることはありません。どんなにすばらしい作品でも、それをつくるのに半年かかっているとしたら、現場ではあまり活躍できないかもしれないからです。

同じ作品をつくるのでも、1カ月かけるのと1週間で仕上げるのとでは、使う「筋肉」がまったく異なります。私のスピードについてきてもらうには、それまでとは違う「筋肉」を鍛えてもらう必要がありますし、一緒に働いていくには、まずどの筋肉を使うのかを意識してもらうことから始めなくてはなりません。

このような理由もあって、採用後は、最初に負荷のかかる仕事を担当してもらうようにしています。スピードを体感し、限界まで仕事をして「どこまでならやれるか」を自覚すると、効率よく仕事を進める必要性にも気づくことができます。また、一度「追い詰められると自分はどんな状態になるのか」を知っておくのは意味のあることです。**トップスピードを躊躇なく出すためには、トップスピードを出した状態がどのようなものかを体感しておく必要があるからです。**

あえて負荷をかけるというと「ひどいことをするんだな」と思われる方もいるかもしれませんが、適切にマネジメントするうえでも「極限状態になったときにどんな対応をする人なのか」を知ることは重要です。

最後まで「間に合いません」と言えない人。責任感が強く、無理をしてしまう人。人に頼るのがうまい人。追い詰められたときの対応は、人それぞれ異なります。それを把握することで、仕事の進め方についてアドバイスしたり、その人に向く作業を割り当てたりということもしやすくなるからです。「ふだんは落ち着いて見えるけれど、締め切りが迫ると焦ってミスするタイプだな」とわかれば、ミスをする前にフォローすることもできるでしょう。

ちなみに、これまで大勢のスタッフと一緒に仕事をしてきて感じるのは、**追い込まれた**

ときに落ち着いて対処できる人ほど、成長しやすいということです。

平常時に一定レベルのアウトプットができるのは、ある程度の能力があればそう難しいことではありません。しかし、クライアントからの要望次第では、時には非常に厳しい時間的制約がかかることもあります。どんな業界にも共通することだと思いますが、そのような負荷のかかるときにも、平常時と同じレベルのアウトプットができるかどうかが重要なのです。

■スタッフの長所を伸ばすことに専念する

スタッフを育成する際に重視しているのは、いかに長所を伸ばすかということです。

これは実際にいろいろなスタッフと接してきて感じることなのですが、やはり人間には得手不得手があります。そして、**得意なことを伸ばしたほうが、よりよいアウトプットができるようになる**ものなのです。

たとえば、面白いアイデアを考え出すのは苦手でも、クライアントとのコミュニケーションの中で、相手からよいアイデアを引き出すのが得意という人もいます。センスはそんなにないけれど、コミュニケーション力は高いわけです。

センスがない人にセンスを身につけさせるのは、そう簡単なことではありません。しかし、持ち前のコミュニケーション力をさらに強化するのはわりあい難しくないものです。ですから、このようなタイプの人がいたら、私は「どうすればより深くクライアントと会話ができるようになるか」を考えてアドバイスをすると思います。

自分一人では考え出せなくても、クライアントとの会話からよいアイデアを見つけられるなら、まったく問題ありません。長所を伸ばせば、短所を補えるのです。

長所を伸ばしたほうがいいと思うもう一つの理由は、人は自分が得意なこと、楽しめることをやっているときに、最も能力を発揮できると考えているからです。

先に「脳をできるだけ甘やかして、快適だと思うことをやったほうがいい」と書きましたが、人材育成にもこれと同じことがいえると思います。一人ひとりの適性を見極め、長所を伸ばすことが、結果的にチームのパフォーマンスを最大限に引き出すことになるのだと思います。

■むやみにブレストしない

ネンドでは、一つのプロジェクトに一人のスタッフがつき、そのスタッフが責任者となって私とプロジェクトを進めていきます。

責任者は、打ち合わせを経て私が考えたアイデアを受け、それを形にしてプレゼンのための提案をまとめたり、プレゼンで決まった案から試作品をつくったりといった実作業を一手に担います。プロジェクトを進めるうえで検討が必要なことが出てきたときは、私と責任者だけで相談します。模型や試作品なども、責任者が私のところに持ってきて、一対一で意見を交換するようにしています。

ブレスト（ブレインストーミング）でアイデアを出し合ったり、複数の人が集まって試作品に意見を出し合ったりということはありません。

このような体制を取っているのは、この方法が作品のクオリティを維持するために一番いいと考えているからです。

「ブレストなどで多くの人がアイデアを出し合うとよい案がまとまる」と考えている方は

少なくないと思いますが、ブレストには危険な面もあります。

大人数で集まって話し合うことで、実際のアイデアの善し悪しとは関係なく「みんなで一生懸命考えたんだから、これは絶対にいいアイデアのはずだ」と思い込みやすくなります。それでプロジェクトが失敗しても、「みんなで決めたアイデアだから」ということで責任の所在もうやむやになるでしょう。また、「みんなが反対しにくいアイデア」が選ばれがちで、先に書いたような「みんながやる気になる、突破力のあるアイデア」は生まれにくいと思います。

そもそも、私が責任者と意見交換をしていると、一対一でアイデアのキャッチボールをするだけでも結構大変だと感じます。さらに一人増えて3人でやりとりするだけでも、いたずらに選択肢が増えるばかりで、話はまとまらなくなるでしょう。

また、ブレストというのはあえて遠回りをする手法といえます。大人数で一緒に考えることで、一人で考えていれば見落としてしまいそうなことも、「こんな方向もあり得るのではないか」「あの方向も検討したほうがいい」というように次々と列挙することができます。できるだけ漏れなく多くの可能性を模索するには、ブレストが向くのかもしれません。

しかしこれは、先に挙げた模型の例でいえば、「形と色と質感の全パターンを網羅して模型をつくる」というのと同じアプローチです。スピーディーに仕事を進めるには、どの案を採用すべきか判断するために必要な模型だけつくったほうが効率的です。もっといえば、先に「表面はツルツルでいこう」と決めれば、模型をつくる数はそれだけで半分に減らすことができます。

スピードを重視するなら、ブレストはあまり優れたアプローチとはいえないでしょう。この点、私と責任者が一対一でやりとりする体制は、スピードという点では理想的です。何を決めるにも私と責任者だけで話し合って合意できればいいわけですから、決断は非常に速くなります。

プロジェクトを任せるときは、適性を見極めて、「きっとこのプロジェクトを面白いものにしてくれるだろう」という人を選んでいます。

このような人選によって、責任者に「このプロジェクトは自分のものだ」という意識が生まれれば、その仕事は責任者にとって「他人事（ひとごと）」ではなく「自分事」になるでしょう。

そのような意識でその人が持てる力をすべて出し、プロジェクトと向き合って取り組むことが、クオリティの高いアウトプットにつながっているのだと思っています。

3 社内外の人を巻き込み、組織を一体化する

■ブレのないコンセプトがプロジェクトを加速する

プロジェクトの速度を上げるには、「社内外の人たちをどう巻き込んでいくか」が重要な鍵になります。チームとしての一体感が生まれれば、自ずとプロジェクトの推進力は高まります。

そこで求められるのが、「周囲を巻き込むためのアイデア」です。「プロジェクトに関わるすべての人がベクトルをそろえられるようなコンセプト」ともいえます。プロジェクトを最初から最後まで貫くコンセプトを設定していることこそ、ネンドのデザインの特徴といってもいいかもしれません。

「きれい」「恰好いい」といったことは、デザインの表層的な部分にすぎません。「ター

ゲットとなるユーザーはこういう人物像で、だからこの商品はこんなデザインで……」といった定義づけのようなものをコンセプトと呼ぶ場合もあるようですが、私はこれも表層的な話ではないかと思っています。

私が考えるコンセプトとは、「電話で誰かに伝えられるくらいシンプルな短い文章でいえるもの」「電話で話して『それ、面白そうだね』と言ってもらえるようなもの」です。これが共有されてさえいれば、企画担当者、営業担当者、職人さんなど価値観や立場がまったく異なる人たちが集まっても、短時間で同じ方向に進んでいくことができます。

たとえば、２０１５年ミラノ国際博覧会で日本館の「クールジャパンデザインギャラリー」のプロデュースを手がけたときのことです。

展示品は、伝統的工芸品の技術を利用したプロダクト。プロジェクトは、常滑焼、山中漆器、薩摩（さつま）焼（やき）、若狭（わかさ）塗（ぬり）、西陣織などの職人さんが全国から集まってスタートしました。13の産地の職人さんたちのほか、経済産業省や広告代理店も一緒になって半年ほどで16のアイテムをつくるということでしたから、プロジェクトの難易度はかなり高かったといっていいと思います。

そこで私が提案したのは、「すべてのアイテムを真っ黒にする」というコンセプトです。谷崎潤一郎の『陰翳礼讃』には、「羊羹の色あいも、あれを塗り物の菓子器に入れて、肌の色が辛うじて見分けられる暗がりへ沈めると、ひとしお瞑想的になる」という記述があります。プロジェクトのコンセプトはこれと同様の考え方で、色彩情報を取り除くことによって、それぞれのアイテムの質感の多様性や職人さんの技術力などをよりくっきりと浮かび上がらせよう――というものでした。

このようにコンセプトを共有すると、プロジェクトに参加した職人さんたちはどんどんアイデアを出してくれるようになりました。「同じ黒でも、土の黒ではなくて鉄分を活かした黒だとこういう表現になるけれど、どうですか」というように、面白い黒の出し方や黒にまつわる技術がたくさん提案されるようになったのです。

たとえば有田焼の場合、白い素地を生かした鮮やかで精緻な絵柄が特徴です。それなのに「真っ黒な有田焼を」というのですから、職人さんも最初はびっくりしたのではないかと思います。しかし、有田焼を手がける源右衛門窯と「真っ暗闇でも手のひらで楽しめるような有田焼はできないでしょうか」と相談したところ、若手の職人さんが面白がってくださり、新しい釉薬を開発。マットな黒地につるっとした立体的な柄を載せた、「手で柄を楽しめる有田焼」ができあがりました（写真⑱）。

コンセプトをきちんと提示して「これは何のためにやるのか、どこが面白いのか」を伝え、「これをみんなでやりましょう」と言うと、メンバーが瞬時に一体化されて一つのチームになり、短期間でクオリティの高いものが生まれることがあります。このプロジェクトでも、「すべて真っ黒にする」というコンセプトを実現するのに技術的な難易度が高いものもありましたが、プロジェクトに関わった人はみんな前向きなスタンスで取り組んでくださったと思います。

結果、「クールジャパンデザインギャラリー」の展示は大きな注目を集め日本館は金賞を受賞しました。経済産業省が中心となり、日本館全体の発表会とは別の記者会見まで開かれたほど。会見に集まった職人さんたちが、同窓会のように盛り上がっていたことが印象に残っています。

■コンセプトがあれば、プロジェクトの推進力は衰えない

プロジェクトを進めていると、劣勢に立たされるケースは少なくありません。しかしそ

んなときも、ブレのないコンセプトさえあれば、プロジェクトの推進力は衰えないものです。

奈良県・天理市で天理駅前の広場を整備する空間デザインプロジェクトを進めていたときのこと。広場のデザイン案が決まった後、いざそれを形にしようと概算見積もりを試算したところ、予算を3割以上もオーバーすることが想定されるということが発覚し、短期間でコストをおよそ3分の1カットする必要に迫られました。

このような場合、「何となく恰好がいいから」と雰囲気だけでデザインしたプロジェクトであれば、どこを残してどこをカットすべきなのか優先順位がつけられなくなって迷走することになりがちなものでしょう。それに、予算カットのための会議というのはもともともめやすいものでもあります。

しかしこのプロジェクトでは、予算カットの話し合いは想像以上にスムーズに進みました。それは、市長から現場の職人さんまで、全員がコンセプトをしっかり共有できていたからだと思います。

天理市には、たくさんの古墳が点在しています。そこで駅前広場のデザインはこの古墳をモチーフとし、段差を活かした腰を掛けられる場所や、子供が遊べる遊具になっている場所、古墳が屋根になっている場所やカフェになっている場所など、同じ古墳の形を使いながらもさまざまな機能を持たせていました。つまり重要なのは「古墳の形を使う」というコンセプトで、それに関わる部分さえ守ればいいわけです。

当初、古墳の形は仕上げに木を使おうとしていたのですが、それがコストアップにつながっていることがわかりました。しかし、「古墳の形」を出すのに木を使うことは必須ではありません。「中の構造部分に使っているコンクリートをそのまま活かして塗装すれば、むしろ古墳らしさが出ていい」という話になり、コストを大きくカットすることができました。

このようにプロジェクトの根本に立ち返れば、同じコストカットでも、より核心を残した「捨て方」ができます。

「古墳の形を活かす」というのは、誰もがわかりやすい表現ではないかと思います。これくらいシンプルなコンセプトを共有しているからこそ、コストをカットしながらも「ほかに魅力のある表現方法はないか」ということを、全員が同じ目線に立って考えることができたのでしょう。このプロジェクトでは、ほかにもコストカットのために当初のデザインから変わった部分がたくさんありますが、天理駅前にもたらそうとしていた価値はむしろ鮮明になったように思います。

■人を巻き込むには、まず自分が楽しむ

「人を巻き込む」ということについてもう一ついえば、私は、プロジェクトの中で自分が誰よりも楽しそうにしているのが「巻き込み力」になっているのではないかと思っています。

これは、わざと楽しそうにしてみせているとか、意識的にやっているということではありません。私はいつもデザインをするときに「こうなるといいな」という少し先の未来を考えています。そのイメージを具体的に持てているので、ワクワクしてプロジェクトを心から楽しむことができるのです。

プロジェクトでは高いハードルを設定することも多いので、「こんなに難しいことに挑戦して本当に大丈夫だろうか」と不安を覚えている関係者もたくさんいると思います。しかしそんなときでも、アイデアを出したデザイナー自身が楽しそうにしていることで、「もしかしたらすごいことが起きるかもしれない」と前向きになれるのかもしれません。

こうした目に見えない「何か」は、自然に周囲に伝わっていくものです。ですから、できるだけみんなが楽しみながら、「一緒にプロジェクトを進めていこう」という雰囲気をつくりだすことができればいいなと思っていますし、その雰囲気が生まれたとき、プロジェクトはさらに加速していくのではないかと思います。

おわりに

ネンドは大学の仲間6人でつくった会社です。大学院を修了してすぐ創業したので、デザイナーとしての実務経験も実績もない中でのスタートでした。

当然、最初はすべてが手探りです。この本でご紹介した「仕事術」の中にも、創業当初からまったく変わらないものもあれば、多少痛い思いをしながら学んだこともあります。

大変ありがたいことに、ネンドに声をかけてくださるクライアントは年々増え続けてきました。お任せいただけるプロジェクトの数も規模も大きくなっていく中、何とかできるだけ多くのご期待にお応えしたいという思いで走り続けるうちに、私自身の「仕事術」も少しずつ改善されてきたのではないかと思います。

この12年で私が身をもって学んだことの一つは、「やり方次第で仕事のスピードはいくらでも上げられる」ということ、そして「スピードは仕事の質に転化する」ということです。特に企画などクリエイティブな仕事では、一般に「仕事のスピードを上げると質が下がる」というイメージがあるように思いますが、私は、スピードにこだわることが質に還元されるといってもいいのではないかと考えています。

クライアントの方々からの大きなご期待がなければ、これほど仕事のスピードが速くなることもなかったでしょう。改めて、これまで一緒に仕事をしていただいた皆様に感謝の気持ちをお伝えしたいと思います。

本書を書き終えた今もプロジェクトは日々増加し続けていますし、仕事の範囲もどんどん広がっていると感じています。しかし、これまでと同様に柔軟に、そして常にスピードを意識して仕事に取り組むことで、新たに寄せられるご期待にも応えていきたいと思っています。

本書は、私の体験が少しでも人のお役に立てばという思いで執筆しました。

お読みくださった方には、本書でご紹介したことを参考に、仕事のスピードと質をどんどん上げていっていただければと願っています。

装丁／デジカル（萩原弦一郎、戸塚みゆき）
カバー写真／樋口兼一
本文デザイン・DTP ／ matt's work（松好那名）
構成／千葉はるか

佐藤オオキ（さとう・おおき）

デザイナー。デザインオフィスnendo代表。1977年カナダ生まれ。2000年早稲田大学理工学部建築学科首席卒業。2002年同大学大学院修了後、デザインオフィスnendo設立。東京とミラノを拠点として、建築・インテリア・プロダクト・グラフィックと多岐にわたってデザインを手がける。「ニューズウィーク」（米）の「世界が尊敬する日本人100人」（2006年）、「世界が注目する日本の中小企業100社」（2007年）に選ばれる。また、「ウォールペーパー」（英）および「エル・デコ インターナショナル デザイン アワード」の「デザイナー・オブ・ザ・イヤー」をはじめとする世界的なデザイン賞の数々を受賞。2015年には「メゾン・エ・オブジェ」（仏）にて「デザイナー・オブ・ザ・イヤー」を受賞。『ネンドノカンド』（小学館）、『ウラからのぞけばオモテが見える』（共著、日経BP社）、『問題解決ラボ』（ダイヤモンド社）など著書多数。

400のプロジェクトを同時に進める
佐藤オオキのスピード仕事術

2016年2月10日　第1刷発行
2016年2月25日　第3刷発行

著者　佐藤オオキ

発行者　見城 徹

発行所　株式会社 幻冬舎
〒151-0051 東京都渋谷区千駄ヶ谷4-9-7
03(5411)6211(編集)
03(5411)6222(営業)
振替 00120-8-767643

印刷・製本所　株式会社 光邦

検印廃止

ISBN978-4-344-02890-6　C0095
幻冬舎ホームページアドレス　http://www.gentosha.co.jp/

この本に関するご意見・ご感想をメールでお寄せいただく場合は、
comment@gentosha.co.jp まで。